図説 東京裁判

太平洋戦争研究会＝編　平塚柾緒＝著

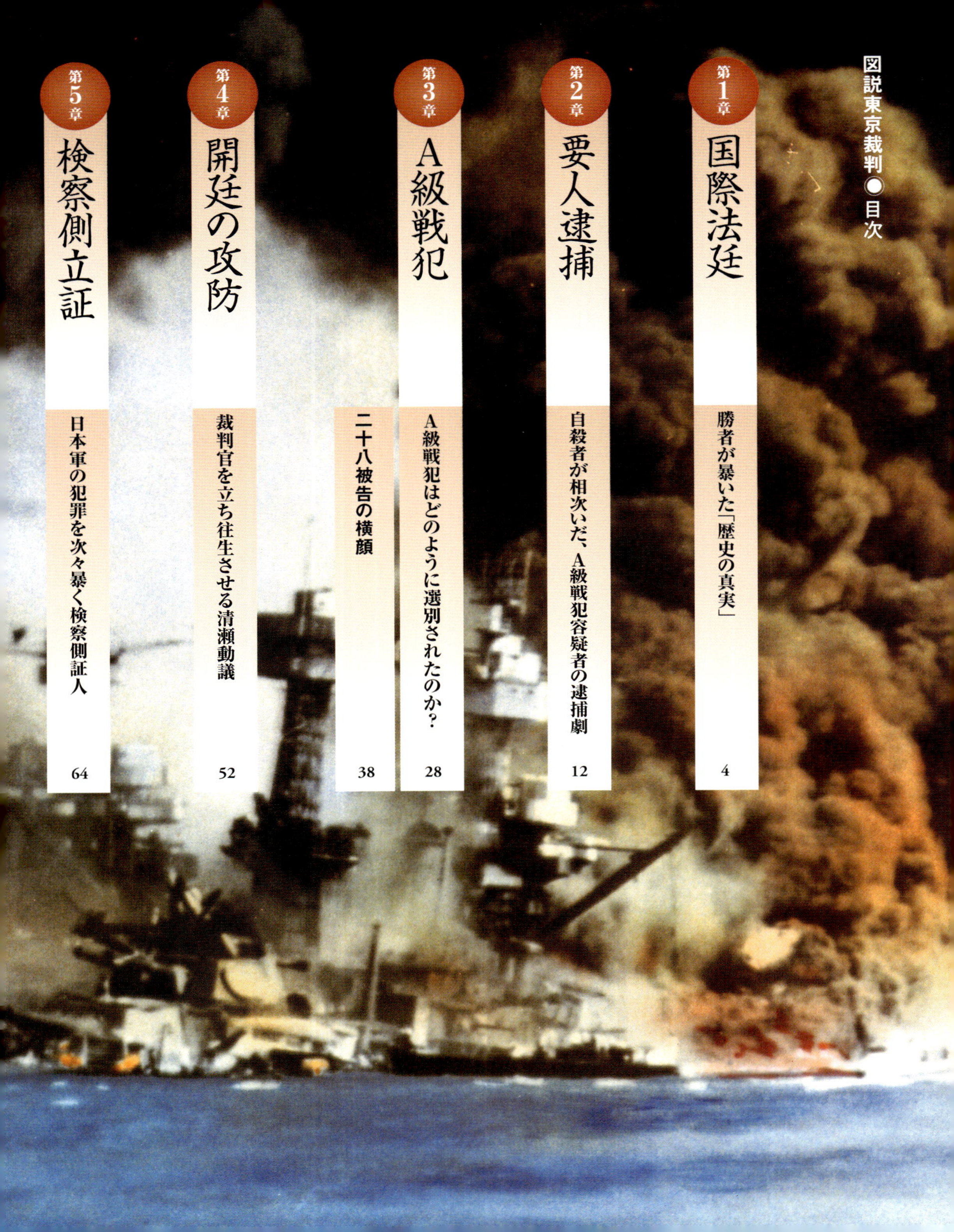

図説東京裁判●目次

日本の対米英戦争は真珠湾攻撃で始まった。
写真は日本軍機の攻撃で炎上する米戦艦群。

第1章 国際法廷

勝者が暴いた「歴史の真実」

昭和二十一年（一九四六）五月三日から昭和二十三年十一月十二日の刑の宣告まで、約二年半にわたって行われた東京裁判。正式名称は極東国際軍事裁判（International Military Tribunal for the Far East）という。本法廷が設置されたのは東京・新宿区の市ヶ谷台にあった旧陸軍士官学校で、終戦時には第一総軍司令部が置かれ、陸軍省や参謀本部も疎開していた。その後、自衛隊が発足してからは東部方面総監部をはじめ、統合幕僚学校などが置かれ、自衛隊の中枢機関が集められていた。そ

法廷に使われた講堂は、自衛隊発足後は東部方面総監部や統合幕僚学校の講堂としても使われたが、「歴史的建造物」の一つとして、多くの見学者の参考に供されていた。壇上（舞台）に特別傍聴席や報道関係者の席が作られていた。

極東国際軍事裁判＝東京裁判開始日（昭和21年5月3日）の法廷全景。法廷にはここ旧陸軍士官学校の大講堂が充てられ、A級戦犯28名が起訴されて裁かれた。法廷内は裁判途中で特別傍聴席や報道関係者の席（左上）が改装されたが、初めはこのようであった。写真の左端が裁判官席で、右側の1段高くなっているところが被告席。

して現在は防衛庁が移転し、現代建築の粋を集めた新庁舎がその威容を誇っているところである。

連合国が昭和三年（一九二八）以降、満州事変から太平洋戦争にいたる十五年戦争の、日本の政治・軍事指導者の戦争責任を裁くというこの裁判は、ナチスを裁いたドイツのニュルンベルク裁判とともに「世紀の裁判」といわれた。

ニュルンベルク裁判は一九四五年（昭和二十）十一月二十日に開始され、翌年の十月一日に判決が言い渡された。起訴されたのはナチ政権の重鎮二十二名で、このうち十九名が有罪を言い渡され、ゲーリング、リッベントロップら十二名が絞首刑、ヘスら三名が終身刑となった。

これに対して東京裁判は一九四六年（昭和二十一）五月三日に開廷され、二年半後の一九四八年十一月十二日に刑の宣告が行われた。当初、起訴されたのは元首相の東条英機陸軍大将をはじめとする二十八名で、裁判中に松岡洋右と永野修身両被告が死去し、大川周明は精神異常で除外されたため、最終的には二十五名が全員有罪の判決を受け、東条被告たち七名が絞首刑にされた。

裁く側の戦勝国にとって、この二つの「世紀の裁判」は同一線上の戦犯裁判であった。東京裁判の裁判所条例はニュルンベルク裁判の「国際軍事裁判所条例」を下敷きにして作られたといわれている。東京の法廷で、裁判官・検事団対弁護団が激しく対立し、わたりあうことになる「平和に対する罪」と「人道に対する罪」という新しい犯罪名が適用されたのも、ニュルンベルク裁判に倣《なら》ったものである。

すなわち軍隊による一般市民の虐殺や暴行など「人道に対する罪」、いわゆる通常の戦争犯罪に加えて、侵略戦争の計画・準備・開始・遂行そのものも犯罪とする「平和に対する罪」も戦争犯罪の概念として新たに規定したものである。これら新しい犯罪概念は、連合国が日本に降伏を促したポツダム宣言発出後の一九四五年八月八日に制定されたものだ。そして新しい犯罪名は、この年の十一月にはじまったニュルンベルク裁判にあわただしく適用され、続く東京裁判にも当然のごとく適用されたのである。

法廷に使われた大講堂。舞台の反対側で、上段が一般傍聴人席に充てられていた。

法廷の一般傍聴人席だったところ。

スガモプリズン（巣鴨拘置所）の刑場跡は、現在、豊島区立東池袋中央公園になっている。その公園の片隅にひっそりと建てられた記念碑がある。自然石の碑には「永久平和を願って」とだけ刻まれ、一見、何の記念碑かわからない。しかし碑の裏に回ると、こう刻まれている（写真下）。

「第二次世界大戦後、東京市谷において極東国際軍事裁判所が課した刑及び他の連合国戦争犯罪法廷が課した一部の刑が、この地で執行された。

戦争による悲劇を再びくりかえさないため、この地を前述の遺跡とし、この碑を建立する。

昭和五十五年六月」

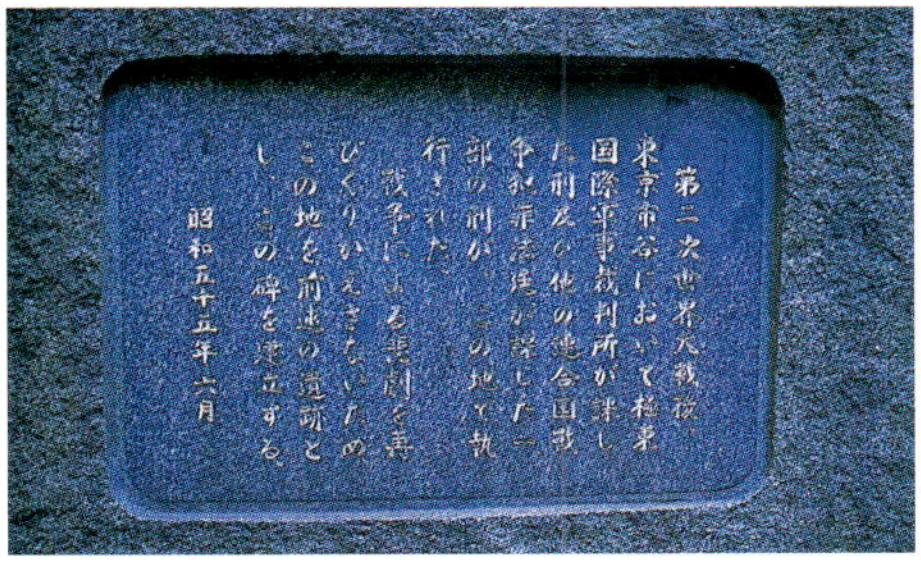

JR池袋駅東口から5分も歩くと、巨大な超高層ビルに突き当たる。サンシャイン60ビルである。このビルの建っている場所が、かつての巣鴨拘置所のあったところだ。

東京裁判開始の劈頭《へきとう》、弁護団副団長の清瀬一郎弁護人は、この裁判は罪刑法定主義（法律がなければ犯罪なし）と法律不遡《ふそ》及《きゅう》の原則に違反しているから、連合国には「平和に対する罪」「人道に対する罪」で被告たちを裁く権限はないと強硬に主張したのはもっともなことだった。これらの「罪」に対しては、現在でも国際法の専門家の間で論議されており、確かな結論は出されていない。

こうした弁護側の主張に対して、キーナン首席検事（検察官）は「戦勝国が侵略戦争の責任者たちを処罰できないという理由はあり得ない。日本は無条件降伏したのだ！」と、目をむくシーンもあった。

また国際法の平等・厳格な適用という観点に立つなら、当然「人道に対する罪」に問われてもいい東京大空襲をはじめ、日本の各都市への無差別爆撃、さらには広島・長崎への原爆投下などの「連合国の犯罪」は、この国際軍事裁判ではいっさい審理の対象にしないという、「法の下の不平等」もまたこの裁判の大きな特徴の一つだった。

さらに日本の占領統治を円滑に行うために、アメリカの強力な影響力によって昭和天皇の戦争責任を問わないなど、終始アメリカの占領政策の推移の中で進められ、政治ショー的要素を強く残していることも特徴として挙げられよう。

温泉地・熱海の伊豆山中腹に建立された興亜観音像。この観音像は、中支那方面軍司令官兼上海派遣軍司令官として日中戦争（支那事変）に従軍した松井石根陸軍大将（A級戦犯で絞首刑）が、戦闘で犠牲になった多くの日中両国民の霊を祀るために戦時中に建立したものである。

第二次世界大戦が終わったあとも、世界に戦争が絶えたことはない。日本が敗れたあと、ベトナム（仏印）やインドネシア（蘭印）など東南アジア各地域では、第二次世界大戦で戦勝国となった宗主国に対する植民地住民の熾烈《しれつ》な独立戦争が行われ、多くの人命が犠牲になった。

さらにイスラエル建国をめぐるパレスチナ戦争、続く中東戦争、中国とアメリカも参戦した朝鮮戦争、フランスに続くアメリカの介入によるベトナム戦争、英仏が派兵したスエズ動乱、イラン・イラクのイ・イ戦争、旧ソ連が介入したハンガリー動乱、アフガン戦争、クウェートに侵攻したイラクをたたくための、アメリカをはじめとする多国籍軍による対イラク戦争など、数えればきりがない。

東京裁判を構成した戦勝十一カ国で、これら「戦後の戦争」にかかわりをもっていない国はほんの数カ国である。そして「戦後の戦争」で、東京裁判が高らかにうたいあげた「平和に対する罪」や「人道に対する罪」を自らに科した国は一カ国もないし、その罪を正式に国際裁判で問われたこともない。戦後の国際情勢は、はからずも東京裁判が「勝者の裁き」であったことを立証した形になってしまった。

そして、「平和に対する罪」も「人道に対する罪」も、ニュルンベルク裁判と東京裁判の被告たちを裁くためだけの法律だった、と反駁《はんばく》されても、勝者側は今のところ反証できる実績を持っていない。

これら東京裁判が残したさまざまな「勝者の裁き」の実情については、後の章で順次紹介していきたい。

歴史の真実を明るみに出した東京裁判

だが、さまざまにその欠陥を指摘されている東京裁判ではあるが、戦後を生きる日本人に残した功績もまた、無限といっていいほどにあった。たとえば、「平和に対する罪」など罪刑法定主義問題とともに、法廷で論議された問題に裁判管轄権があった。

弁護側は主張した。日本はポツダム宣言を受諾して降伏したのだから、裁判の訴追期間はポツダム宣言が対象とした太平洋戦争中に限るべきである、と。ところが検察側は一九

興亜観音像に並んで大小の慰霊碑が建立されている。その中に「大東亜戦殉国刑死一〇六八霊位供養碑」（左）と、元首相吉田茂書の「七士之碑」が並んで建てられている。左の碑はA級の刑死者7名、BC級の刑死者901名、これに収容中に病死や自決、事故死、死因不明などで亡くなったABC級戦犯160名、合計1068名の霊を祀ったもの。右は東京裁判で絞首刑にされた7戦犯を祀った碑。

観音堂内に安置された観音像。観音像の左下に処刑された7戦犯の名が見える。

興亜観音堂。絞首刑にされたA級戦犯7被告の遺骨の一部は、一時この観音堂に密かに保管されていたこともある（第10章に詳述）。

二八年（昭和三）一月一日から四五年九月二日（日本の降伏調印日）までの期間とした。そのためポツダム宣言とは直接かかわりのない満州事変から満州建国、ソ連との間で起きた国境紛争の張鼓峰事件、ノモンハン事件にまで訴追の範囲が広がってしまった。そして裁判所側も検察側の主張を全面的に認め、判決を下したのである。

　その多数派判決に対して、少数意見書を提出した一人のレーリンク判事（オランダ代表）

▲巣鴨拘置所で絞首刑にされた7戦犯の遺体は、当時、米軍の専用火葬場になっていた横浜市営久保山火葬場で焼かれた。上の写真は現在の久保山火葬場。

▲長野市の篤志家・前島照定氏は、久保山火葬場で焼かれた7戦犯の遺骨の一部を譲り受け、昭和28年5月17日（除幕式）、自宅の庭に元皇族で終戦直後に一時首相も務めた東久邇稔彦の書になる「七光無量壽之墓」を建立した。その遺骨は現在も前島家の人たちに鄭重に祀られている（第10章参照）。

►長野の前島邸で関係者が行った「七光無量壽之墓前慰霊祭」の記念撮影（平成6年11月13日）

は、きっぱりと言い切っている。極東国際軍事裁判所の管轄は太平洋戦争に限定すべきであって、すでに当事国の間で休戦協定が成立している張鼓峰事件やノモンハン事件のような過去の紛争は管轄外である、と。

たしかに東京裁判で満州問題やノモンハン事件などを審理したことには違和感を覚える。だが、この裁判が一九二八年以後の日本政府と日本軍の行動を審理の対象としたことによって、私たち日本人はさまざまな歴史の真相を知ることもできた。

ニュルンベルク裁判でナチス・ドイツによるユダヤ人虐殺の実態が暴露されたように、私たちは「満州某重大事件」として知らされていたものが、実は関東軍（日本軍）の謀略による張作霖爆殺事件であったことが明らかになった。満州事変の発端になったとされていた、柳条湖における満鉄線の爆破事件は中国軍の仕業ではなく、実は関東軍の自作自演のヤラセ事件だったことも明らかになった。

また、日本の外交暗号は米軍にことごとく解読されていて、開戦前の日米交渉はアメリカの手のひらの上で弄《もてあそ》ばれていたにすぎなかったことや、アメリカへの開戦通告の手交が遅れて「リメンバー・パールハーバー」を現出したのは、在米日本大使館の時局認識の甘さ（怠慢）に起因するものであることも明らかになった。さらに日中戦争での南京虐殺事件や、

昭和24年以来、故松井大将邸でもある熱海・伊豆山の興亜観音堂に安置されていた7氏の遺骨を埋葬するため、昭和33年から三河湾国定公園の三ヶ根山頂に「殉国七士墓」の建設がはじまり、35年8月17日に除幕式が行われた。これは東京裁判の弁護人だった清瀬一郎、菅原裕、三文字正平、林逸郎の各氏や遺族の尽力と、三ヶ根山の地元幡豆町の協力で建立されたといわれている。現在「殉国七士墓」の周囲には、数多くの戦没者の慰霊碑が建てられ、参拝者が絶えることはないという。

太平洋戦争下のシンガポールやマニラでの事件に代表されるような日本軍による数々の残虐行為も、日本国民はこの東京裁判で初めて知ったのである。

当時の金額で約一億円という巨費を投じて改装された、旧陸軍士官学校二階大講堂の特設法廷。日本人席二百、連合国の一般人席三百の合計五百の傍聴人席はいつも満員だった。人々は傍聴券を手に入れるために、いつも長い行列をつくっていた。敗戦直後の日本国民が、いかに東京裁判に関心を抱いていたかの証明でもあろう。傍聴の人々は、「ハリウッド並みの照明」と悪口をいわれたほど強烈な電灯に照らされた法廷で、ついこの間まで威厳と尊大をふりまいていた日本の戦争指導者たちが何を言うか、その「歴史の証言」を注意深く聞いていたのだ。

東京裁判で死刑を宣告されたA級戦犯七名が、巣鴨プリズンの特設絞首台で刑を執行されたのは昭和二十三年(一九四八)十二月二十三日だった。もう半世紀以上も前のことではあるが、東京裁判が提起したさまざまな問題と教訓は、現在でも決して風化することはない。そして、この国際軍事裁判から何を学ぶかは、人によって千差万別であろう。私は、この小冊子が、そのガイド役になれればと願っている。

第2章 要人逮捕

自殺者が相次いだ、A級戦犯容疑者の逮捕劇

最初のマッカーサー命令は東条逮捕

昭和天皇が、アメリカ、イギリス、中国の三国が発した「ポツダム宣言」（米英華三国宣言）を受諾して、交戦三国に降伏することを国民に伝える玉音放送をしたのは昭和二十年（一九四五）八月十五日正午だった。その敗戦国・日本を占領統治するため、連合国最高司令官ダグラス・マッカーサー米陸軍元帥が、神奈川県厚木の海軍飛行場に降り立ったのは、それから十五日後の八月三十日午後二時五分であった。

マッカーサーと幕僚たちは、宿舎に指定していた横浜のメリケン波止場にほど近いニューグランドホテルに入った。そして幕僚たちとともに夕食をとったマッカーサーは、CIC（対敵諜報部）部長のエリオット・ソープ准将を自室に呼び、来日最初の命令を出した。それは東条英機《とうじょうひでき》陸軍大将の逮捕と戦争犯罪人＝戦犯容疑者のリスト作成だった。日米開戦時の首相だった東条は、その戦犯容疑者の筆頭者ということである。

それにしてもマッカーサーはなぜ日本に第一歩を印した夜に、東条の逮捕を命じたのだろうか。たしかに連合国最高司令官として、マッカーサーには戦犯容疑者を逮捕する義務があった。日本が降伏を受け入れた「ポツダム宣言」には「我らの俘虜《ふりょ》を虐待したものを含む一切の戦争犯罪人に対しては厳重な処罰が加えられるであろう」とうたわれており、日本進駐前日の八月二十九日にアメリカ政府がマッカーサーに暫定的に無線で指令した「降伏後初期の米国の対日政策」（正式文書「連合国最高司令官に対する日本占領及び管理のための降伏後における初期の基本的指令」は十一月三日発）のなかにもこう記されている。

昭和20年8月30日、神奈川県厚木の日本海軍飛行場に降り立つマッカーサー元帥。戦勝国の最高司令官に就任したマッカーサーの初仕事は、戦争犯罪人の逮捕命令だった。

「連合国の捕虜その他の国民を虐待したことにより告発された者を含めて、戦争犯罪人として最高司令官または適当な連合国機関によって告発された者は、逮捕され、裁判され、もし有罪の判決があったときは処罰される」

アメリカ政府がマッカーサーに指令した、戦争犯罪人に対する逮捕・訴追命令の根拠にしたのは、日本が降伏する直前の一九四五年（昭和二十）八月八日に米英仏ソの四カ国代表によって締結された「欧州枢軸諸国の重要戦争犯罪人の訴追及び処罰に関する協定」、一般にロンドン協定と呼ばれる条約である。

このロンドン協定は捕虜虐待などの「通例の戦争犯罪」のほかに、侵略戦争を計画、実行した者をも犯罪者として裁ける「平和に対する罪」と、占領地の一般住民に対する虐待、虐殺などの非人道的行為をした者を裁く「人道に対する罪」の二つが、戦争犯罪の概念として新たに加えられている。さらに協定には、これらの戦犯を裁くための国際軍事裁判所条例が付属しており、ドイツのニュルンベルク裁判も、やがて開廷される東京の極東国際軍事裁判所も、このロンドン協定に基づいて開かれたのである。

ニュルンベルク裁判と極東国際軍事裁判の被告たちは、国家の中枢にいて軍事、政治を動かしてきた人たちで、いずれも「通例の戦争犯罪」に加えて、ロンドン協定にもられた「平和に対する罪」と「人道に対する罪」で訴追された。これらの容疑で逮捕された人たちは、その他の戦犯容疑者と区別するために「A級戦争犯罪人容疑者」と呼ばれた。

その他の戦犯容疑者――通例の戦争犯罪容疑だけで逮捕された人たちは「BC級戦争犯罪人容疑者」と呼ばれた。国際軍事裁判所条例では「通例の戦争犯罪」を行った者はB級、「人道に対する罪」を犯した者はC級と区別されていたが、実際は殺人や虐待などの残虐行為を命令する立場にいた指揮官などをB級、それらの犯罪の実行者をC級としていた

マッカーサーと幕僚たちが宿舎にした横浜のニューグランドホテル。玄関は完全武装の警備兵に護られていた。

マッカーサーは真っ先に東条英機陸軍大将を戦犯第1号に指定し、逮捕を命じた。写真は首相官邸で執務する戦時中の東条首相。

●ポツダム宣言(米英華三国宣言)訳文

一、我ら合衆国大統領、中華民国政府主席及びグレート・ブリテン国(英国)総理大臣は、我らの数億の国民を代表し協議の上、日本国に対し今次の戦争を終結する機会を与えることに意見が一致した。

二、合衆国、英帝国及び中華民国の巨大な陸・海・空軍は、西方から自国の陸・空軍による数倍の増強を受けて、日本国に対し最後の打撃を加える態勢を整えた。右の軍事力は、日本国が抵抗を終止するまで、同国に対し戦争を遂行するという一切の連合国の決意により支持され、また鼓舞されているものである。

三、蹶起《けっき》した世界の自由な人民の力に対するドイツ国の無益で無意義な抵抗の結果は、日本国国民に対する先例を極めて明白に示すものである。現在日本国に対し集結されつつある力は、抵抗するナチスに対して適用された場合に全ドイツ国人民の土地・産業及び生活様式を必然的に荒廃に帰させた力に比べて、測り知れないほど更に強大なものである。我らの決意に支持されている我らの軍事力の最高度の使用は、日本国軍隊の不可避かつ完全な壊滅を意味するであろうし、また同じく必然的に日本国本土の完全な破壊を意味するであろう。

四、無分別な打算によって日本帝国を滅亡の淵に陥れた我儘な軍国主義的助言者により、日本国が引続いて統御されるべきか、または理性の経路を日本国が履《ふ》むべきかを日本国が決定すべき時期は到来した。

五、我らの条件は、左の如くである。

我らがこれらの条件から離脱することはない。またそれに代るべき条件はない。我らは遅延を認めることはできない。

六、我らは、無責任な軍国主義が世界から駆逐されるまでは、平和・安全及び正義の新秩序が生じ得ないことを主張するものであるから、日本国国民を欺瞞《ぎまん》して世界征服の挙に出でるという過誤《かご》を犯させたものの権力と勢力とは永久に除去されなければならない。

七、右のような新秩序が建設され、また日本国の戦争遂行能力が破砕《はさい》されたという確証があるまでは、連合国の指定すべき日本国領域内の諸地点は我らが茲《ここ》に指示する基本的目的の達成を確保するため、占領されるであろう。

八、カイロ宣言の条項は履行されるであろう。また日本国の主権は本州・北海道・九州・四国及び我らが決定する諸小島に局限せられる。

九、日本国軍隊は、完全に武装を解除された後各自の家庭に復帰し、平和的かつ生産的な生活を営む機会が与えられるであろう。

十、我らは、日本人を民族として奴隷化しようとし、または国民として滅亡させようとする意図をもつものではないが、我らの俘虜を虐待したものを含む一切の戦争犯罪人に対しては厳重な処罰が加えられるであろう。日本国政府は、日本国国民の間における民主主義的傾向の復活強化に対する一切の障碍《しょうがい》を除去すべきである。言論・宗教及び思想の自由ならびに基本的人権の尊重は確立されるであろう。

十一、日本国はその経済を支持し、かつ公正な実物賠償の取り立てを可能にするような産業を維持することが許されるであろう。ただし、日本国をして、戦争のため再軍備を可能にするような産業はこの限りではない。この目的のために、原料の入手――その支配とは区別して――は、許可されるべきである。日本国は将来世界貿易関係への参加を許されるであろう。

十二、前記諸目的が達成され、かつ日本国国民の自由に表明する意思に従い、平和的傾向をもち、かつ責任ある政治が樹立されたならば、連合国の占領軍は直ちに日本国から撤収されるであろう。

十三、我らは、日本国政府が直ちに全日本国軍隊の無条件降伏を宣言し、かつその行動における同政府の誠意について適当にして十分なる保障を提供するよう同政府に対して要求する。右以外に、日本国に残された道は、迅速にして完全なる壊滅のみである。

▲東京湾上の米戦艦「ミズーリ」の甲板で行われる日本と連合国の降伏調印式に訪れた日本代表団。日本国代表は重光葵外相（前列左）、日本軍代表は梅津美治郎参謀総長（同右）。やがて2人はA級戦犯として逮捕される。

▼日本の降伏調印書に署名するマッカーサー元帥。

ともいう。しかし、現実にはB級とC級の区別は難しく、日本軍将兵を裁いた連合国の大半の軍事法廷では「BC級戦争犯罪人」として一括処理された。

しかし、マッカーサーが日本統治の第一歩に東条逮捕を命じた真意は、必ずしもポツダム宣言や対日基本政策にうたわれている戦争犯罪人の処罰条項を、厳密に履行するためだけではなかったようだ。

ワシントンがマッカーサーに命じた「初期の対日政策」の「終極目的」には、日本に民主主義国家を樹立することを第一に掲げており、それには「日本は、完全に武装を解除され、かつ非軍事化される。軍国主義者の権威と軍国主義の勢力は、日本の政治、経済及び社会生活から完全に除去される。軍国主義及び侵略の精神を表明する諸団体は、断固として抑圧される」と銘記している。

東条英機は戦犯の筆頭者であると同時に、まさに日本軍国主義の象徴でもある。マッカーサーが狙ったのは、その軍国主義の象徴を日本国民の眼前でいの一番にうち砕き、新しい権力者が誰であるかを日本人に知らしめることだったのではないだろうか。

戦犯容疑者三十九名の逮捕命令出る

マッカーサー元帥の説明によれば、戦争犯罪人には捕虜虐待などのいわゆる戦争法規違反者と、侵略戦争を計画・実行した者たちの二種類があり、前者の逮捕・勾留はアルバ・カーペンター大佐の法務部が担当するが、東条など侵略戦争を指揮した者たちはソープ准将のCICが担当せよというのだ。すなわち、BC級戦犯の選定と逮捕はカーペンター大佐の法務部が行い、A級戦犯容疑者の逮捕はソープ准将のCICが行うことになったのである。

マッカーサーの命令を受けた翌八月三十一日、ソープ准将は部下のJ・ガロウェイ中佐、ジョン・アーウィン中佐、ロバート・ホーリング少佐の三人に戦犯容疑者の人選を命じ、ポール・クラウス中佐に東条逮捕を命じた。

戦犯容疑者の人選組と東条逮捕のクラウス中佐の任務遂行は難航していた。日本の政治や陸海軍組織に疎《うと》い戦犯容疑者組は、誰をリストアップしたらいいかわからず、東条逮捕組のクラウス中佐とスタッフは、肝心の東条

マッカーサーが東京に進出した翌9月9日、東京の空高く星条旗がひるがえった（NHKの屋上）。そしてこの日、マッカーサー司令部は第1次戦犯容疑者のリストアップをした。

がどこにいるのか見当もつかなかった。このとき東条は逃げも隠れもせず、東京・世田谷区玉川用賀町の自宅に引きこもっていたのだが、米軍スタッフは東条の住所すら知らなかったのである。

九月二日、東京湾に入港した米戦艦「ミズーリ」で日本と連合国との間で降伏調印式が行われ、マッカーサーは進駐後初の大仕事を無事終えた。九月八日には米第一騎兵師団の主力が東京に進駐し、マッカーサーも東京に入って、午前十一時、これからの宿舎になる赤坂の米大使館で国旗掲揚式を行った。

午後は連合国最高司令官総司令部（GHQ／SCAP）に予定している日比谷交差点近くの第一生命ビルを視察、ひとまず横浜に帰った。そしてソープ准将を呼ぶと、東条の逮捕と戦犯者リストの作成はどうなっているかと尋ねた。マッカーサーは明らかに不満顔だった。

ソープ准将はあせった。クラウス中佐が、東条は東京の自宅におり、近々新聞記者と会見するらしいという情報を聞き込んできた。それなら東条の家に乗り込むのは可能だ。残るは戦犯容疑者のリストづくりだ。

そのときソープはひらめいた。東条が戦犯第一号なら、彼の内閣の大臣だった連中が戦犯に指名されてもおかしくはあるまい、と。

翌九月九日、ソープは東条内閣の閣僚を中心に、ホセ・ラウレル（元フィリピン大統領）、ハインリッヒ・スターマー（駐日ドイツ大使）、オン・サン少将（ビルマ独立義勇軍司令官）など日本に協力した外国人を加えた戦犯容疑者のリスト（第一次）をマッカーサー司令官に提出した。マッカーサー司令部はただちに米国務省に報告し、翌十日、国務省から了解の返電を受けとった。

内報を受けた日本政府（東久邇宮内閣）は、リストに現職の国務相緒方竹虎や元首相の広田弘毅の名を見つけ、「現職の重臣は避けてほしい」とマッカーサー司令部に申し入れ、了承を取りつけた。

翌日の九月十一日、マッカーサー司令部は東条英機元首相をはじめとする、四十三名の戦争犯罪容疑者の逮捕を命令した。この第一次戦犯容疑者には、日本人以外にフィリピン（比島）人三名、オーストラリア人二名、ドイツ人三名、オランダ人、ビルマ人、タイ人、アメリカ人など合計十四名の外国人が含まれていた。主な戦犯容疑者の顔ぶれには次のような人たちが入っていた。

▽東条英機（元首相）▽東郷茂徳《とうごうしげのり》（元外相）▽嶋《しま》

日本占領統治の最高権力者になったダグラス・マッカーサー元帥（左端）。総司令部を退出して宿舎のアメリカ大使館に向かう。

日本占領統治の総本部（連合国最高司令官総司令部＝GHQ）になった東京・日比谷の第一生命ビルにも星条旗がひるがえる。

田《だ》繁太郎《しげたろう》（元海相）▽賀屋興宣《かやおきのり》（元蔵相）▽岸信《きしのぶ》介《すけ》（元国務相兼軍需次官）▽寺島健《てらしまけん》（元逓信相、海軍中将）▽岩村通世《いわむらみちよ》（元法相）▽橋田邦彦《はしだくにひこ》（元文相、自殺）▽井野碩哉《いのひろや》（元農相）▽小泉親彦《こいずみちかひこ》（元厚相、自決）▽鈴木貞一《すずきていいち》（国務相、元企画院総裁）▽本間雅晴《ほんままさはる》（陸軍中将、元第十四軍司令官）▽黒田重徳《くろだしげのり》（陸軍中将、元第十四方面軍司令官）▽村田省蔵《むらたしょうぞう》（元駐比日本大使・逓相・鉄道相）▽長浜彰《ながはまあきら》（陸軍大佐、比島憲兵司令官）▽太田清《おおたせい》一《いち》（陸軍中佐、マニラにおける残虐行為責任者）▽テイ・モン博士（駐日ビルマ政府大使）▽ホセ・P・ラウレル▽ヴァルガス（駐日比島大使）▽アキノ（比島国民会議議長）▽ハインリッヒ・スターマー▽クレッチマー（独大使館付陸軍武官、中将）▽ワカタン・ウイチット（駐日タイ国大使）

第一次戦犯容疑者のなかにフィリピンの関係者が多いのは、マッカーサーとその幕僚たちの本拠地が戦前からマニラに置かれていたため、事情に通じていたからであろう。

戦犯第一号、東条を逮捕せよ！

戦犯容疑者の逮捕は東条英機元首相からはじめられた。

九月十一日午前十一時、ソープ准将はクラウス中佐に東条逮捕を正式に命令した。クラウス中佐はただちに二個分隊を連れて横浜の駐屯地を出発、やっと突きとめた東京・世田谷の東条邸に向かった。

一方、マッカーサー司令部は午後二時に、東条大将に逮捕命令が出されたことを記者発表した。各国の記者たちは先を競って東条邸に向かってジープを飛ばした。

この日の午前、東条は赤柴八重蔵陸軍中将（昭和二十年四月から近衛第一師団長から第五十三軍司令官）と某大佐の来訪を受け、離れの一室で五時間近くも話し込んでいた。なにを話していたのかはわからないが、赤柴中将たちを送り出すと、書斎に入った東条は大きな瀬戸火鉢で人名簿や書類を焼きはじめた。のち

東条内閣スタート時の閣僚。このメンバーは全員がA級戦犯容疑者として拘禁された。

に勝子夫人は「あとで思い合わせますと、東条には、すでにその日の午後起こるであろうことが、はっきりと予想されていたような気がしてなりません」と回想している。

　午後の三時半過ぎ、外国特派員たちが到着しはじめ、東条邸は急に騒々しさにつつまれた。そして時計が四時をまわろうとしていたとき、クラウス中佐を指揮官とするMP（米陸軍憲兵）たちが到着した。

「お宅の屋敷のまわりが進駐軍の自動車で囲まれてます！」

　近所の主婦が東条邸に駆け込んできて、急を知らせてくれた。

　東条勝子夫人の手記「面影」（林逸郎編著『敗者』所収、二見書房刊）によれば、以後の東条逮捕劇はおおよそ次のように行われた。

　――最悪の事態がきたことを、私も悟りました。東条は、すでに予想していたのでしょう、平素と少しも変わらぬ表情で、私を見つめ、

「いよいよきたか……」と書きものの手を止めて静かにいいました。

「しかし逮捕されたりすると、考えただけでも耐えられぬことだ、いやなことだからね……」

「その御心配は……」と私がいいかけますと、東条はやや声を高めて、

「お前ら（私と女中のことと思います）すぐ、古賀のおばの家（長谷川）へ行け、長谷川の家へ行っておれ……」

と、珍しく厳しい口調で申されました。

　私はすなおに、夫の言葉に従うべきことを悟りました。すぐ女中をよび秘書の畑山さんと垣内という憲兵の方に、あとのことをお願いしてから、最後に、私は、これがお別れの言葉になるかもしれない、とひそかな思いをこめて、東条の冷静な顔を見つめていいました。

「あなたの思い切りのよすぎる御性格が気がかりでございます。また、御念の入れすぎることも……」

　東条は、大きくうなずきながら、う、うんと低い声で、心配するなというふうにいわれました――

　古賀とは、東条の次女の夫の古賀《こが》秀正《ひでまさ》陸軍少佐のことである。近衛師団の参謀だった古賀少佐は、敗戦の日の八月十五日に自決して

昭和16年11月17日の貴族院、衆議院の両院は実質的に開戦へ踏み切った。東条首相は施政演説で「帝国は今や文字通り100年の計を決すべき重大なる局面に立たざるべからざるにいたった」と決意を表明した(下)。左は同年12月8日午前11時40分、首相官邸で「大詔を拝し奉りて……」と題する開戦のラジオ放送をする東条首相。

いた。

夫の言葉に従って家を出たものの、夫人は親類の家には行かなかった。お手伝いさんだけを行かせ、自分は隣家の鈴木医師宅を訪ねた。そして鈴木夫人に頼んで麦わら帽子を借り、裏庭に入らせてもらって草取りをしているふりをしながら、わが家に視線を走らせた。夫人には、東条が自決をする覚悟でいることが手に取るようにわかっていたからである。

大通りから東条家に通じる坂道を三台のジープが登ってきて、夫人の目の前で停まった。五、六名のアメリカ兵が降り立ち、東条家の玄関に向かっていった。

「誰一人私のことに気づいたものはなかったようです。しかし私の胸は早鐘のように、激しく鳴っているのが、自分でもはっきりと感じとれました。けれども、私はじっと耐え忍んでうずくまっておりました。私は自分が草をとっているふうを装うことも忘れ、全身を耳にして人々の動きや、物音に心を傾けていました」(前出「面影」)

拳銃で自決を図った東条大将

勝子夫人を送り出した東条は、平服を軍服に着替え、玄関脇の応接室(書斎兼用)に入り、部屋の中央に置かれた椅子に座った。そして秘書の畑山と憲兵の垣内に言った。

「お前らは、外に出ておれ」

二人が応接室を出ると、東条は中から鍵をかけた。ほとんど同時にMPたちが庭先から玄関に近づいてきた。東条は庭に面した窓の上部を上げ、隊長らしき米兵に言った。

「日本語のわかる者は来ているか」

クラウス中佐は「いる」と答え、玄関のドアを開けるよう要求した。

「なにをしにここへ来たのか?」

東条の問いに、クラウスは叫んだ。

「マッカーサー司令部に行く用意をしなさい、早く!」

東条は返した。

「では、逮捕状を持ってきたか」

「連行状を持ってきた」

東条は納得したようにうなずくと、

「よろしい、いますぐ行くからちょっと待ってくれ……」

そう言ってガラス窓を閉めた。

応接室からピストルの発射音が轟いたのは、それから間もなくであった。隣家の裏庭に潜む勝子夫人もその音を聞き、応接室に向かって合掌した。午後四時十九分だった。

MPたちは玄関のドアを蹴破り、さらに応接室のドアも蹴破って乱入した。東条は左胸を撃ったらしく、白いシャツが血で真っ赤に染まっていた。ピストルを床に落としていた東条は、やや仰向くような姿勢で椅子にかけていた。


「戦犯容疑者として逮捕する」と告げられた東条英機大将は、自宅の書斎兼寝室で拳銃自殺を図った。幸か不幸か弾丸は急所を外れ、東条は米軍野戦病院に運ばれた。「東条を殉教者にしてはならぬ」というマッカーサー元帥の意を受けて、米第8軍司令官アイケルバーガー中将は「治療と看護に全力を尽くせ。もし彼が死んだら、私は説明を要求する」と、医師団に厳命した。下の写真は自宅書斎で米軍の応急処置を受ける東条大将。

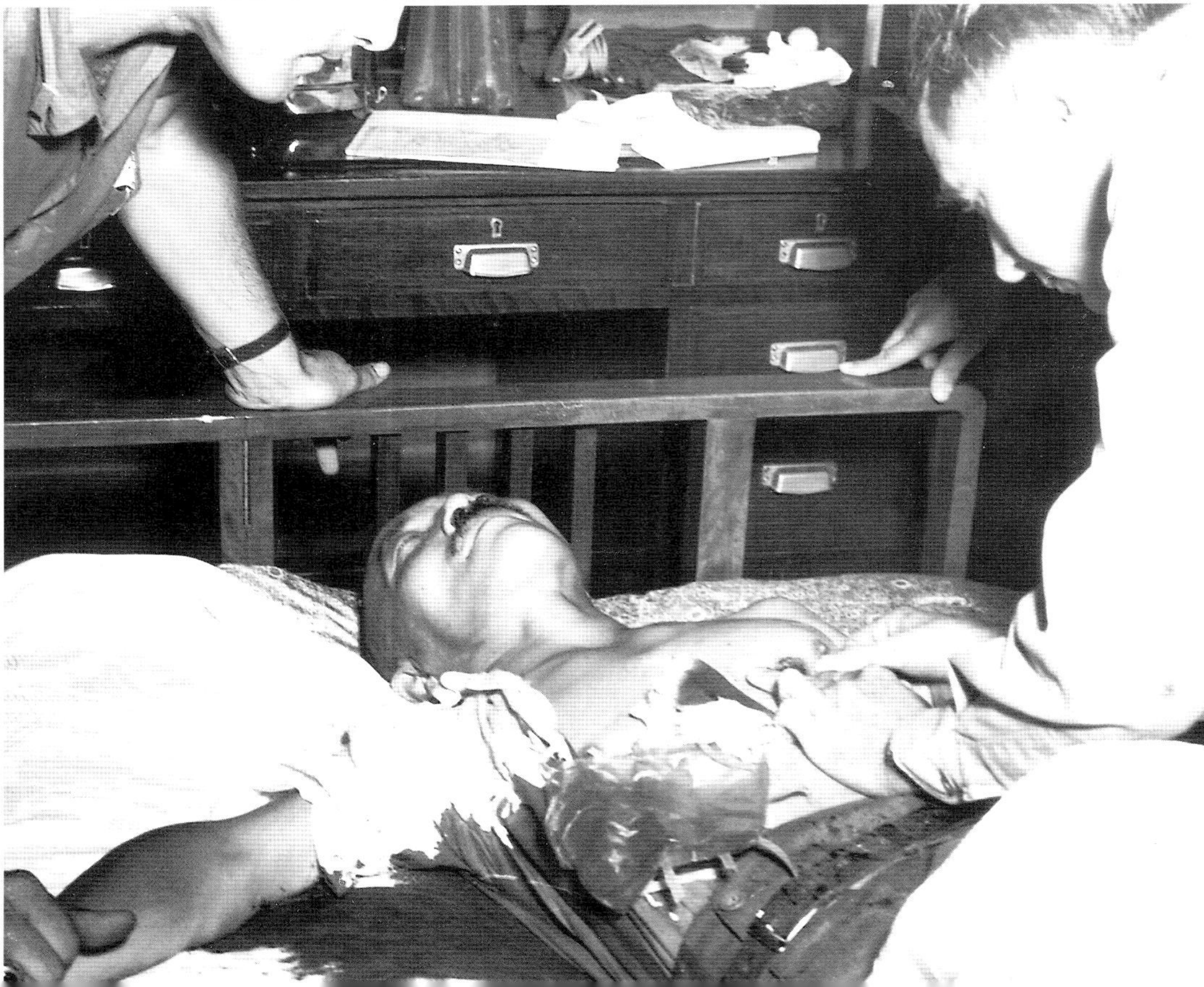

MPたちに続いて応接室に飛び込んだ秘書の畑山は、「閣下！」と叫び、東条に駆け寄った。

「畑山、水……」

秘書の声を聞き分けた東条は、つぶやくように口を開いた。

そして勝子夫人は、のちに畑山秘書から聞いた話として、前出の手記にこう記している。

「畑山さんがコップに水を満たして引きかえしますと、東条はその水を一気にのみほし、更に、二杯目を要求しましたので、再びコップに水を満たして、東条のそばへかけもどったそうです。するとMPの一人が、そのコップをひったくり、いきなり畑山さんを突きとばしたということです。水を飲めば出血がいっそうひどくなることに気がついたからかも知れません」

血だらけの東条は応接室にあった寝台用の長椅子に移され、救急車が呼ばれた。あらかじめ用意されていたのか、救急車は十分ほどで到着した。乗ってきた二人の医師は応急手当を施すと、東条を横浜市本牧一丁目の大島国民学校に開設された米第九十八陸軍野戦病院第三十号室に搬送した。そしてただちに手術が行われた。小型ピストルの弾丸は心臓をわずかに外れ、心臓の下を貫通していた。手術は成功し、東条は不本意ながら一命をとりとめてしまった。

東条の自決はなぜ未遂に終わったのか

東条の自殺未遂は、さまざまに陰口がたたかれた。やれ「本気で死ぬつもりはなかったんじゃないのか」とか、「自殺未遂は茶番劇だ」「陸軍大将のくせに拳銃の撃ち方も知らないのか」と、まさに罵声に近い批判が相次いだ。

しかし、東条は実際にピストルの引き金を引いている。仮に茶番劇だったとするなら、もっと危険度の少ない方法を採《と》っていたに相違ない。勝子夫人によれば、東条は終戦直後のある日、知人の医師に「心臓はどの辺か？」と冗談めかして聞いていたことがあるといい、のちに東条の弁護人の一人である塩原時三郎《しおはらときさぶろう》（東条内閣時の通信院総裁）も、東条自身の話として法廷の日本人記者団に伝えている。

「（東条は）終戦後の閑居《かんきょ》中、自分のとるべき態度につき二つの立場を考えていた。第一は自由に発言する機会を与えられたならば堂々と所信を披瀝《ひれき》して戦争勃発の真相を明らかにし、すべての責任をとるつもりで考えをまとめ、書き物もしていた。

反対にもし身柄を外国に連行され、サラシ

夫が米軍病院で手当を受けて一命をとりとめたことなど知らない勝子夫人は、福岡県田川郡の生家に向かった。写真は当時の夫人。

遠賀川上流の英彦山麓にある生家の一軒家にひっそりと住む東条大将夫人の勝子さん。慣れない仕草で稲の籾を干している。左上は夫人が身を寄せている家。母屋の右側に見える建物が侘び住居。

者になるような場合を想像して自殺の準備にも万全を期した。まずピストルを肌身はなさず持ち、医師に心臓の上に墨で○印をつけて貰っていた。風呂のあとでは書きなおしていた。軍刀も勿論手近に置き、更に愛用のパイプには青酸加里をつめて万一にそなえた。

　十一日の当日まで、戦犯の予告をうけなかったので、まだ余裕があると思っていた。ジープの音がさわがしいので、窓をあけてきくと正式逮捕だという。それで初めて米軍に抑留されると知ったわけだ。風呂場に入り、水をかぶって体を清め、新しい軍服を着、書斎の錠をかけた。ピストルでかねてのマークを射った。倒れた。ほとんど間髪を入れず応接間のベニヤ板をけって米兵が入って来たように思う。射ちそこなった。年をとっているのでマークのところの皮が少し下方に垂れ下がっているためか、ピストルを逆に射ったので手許が狂ったらしい。こめかみがいいと思ったのだが、悲惨な死顔の姿を外国にもって行かれては恥だと考えた。……今日では初めの意志にもどって一切のことを腹蔵なく話す覚悟である」（朝日新聞法廷記者団著『東京裁判』、東京裁判刊行会刊より）

　九月十一日の自決直後、ピストルの発射音を聞いたMPと特派員、それに畑山秘書たちは東条家の応接室になだれ込んだ。そのとき、東条は途切れがちではあったが、はっきりした口調で〝遺言〟を話している。「一発で死にたかった」とか「勝者の裁判は受けたくない」といった言葉を次々口にし、夫人の手記によれば「東条は、内務省の怠慢をせめ、体面を保てるように処置すべきだ――という意味のことを口走っていたそうです」という。

　こうした話や証言から推測するに、東条は自分が逮捕されるときは事前に内務省（警察）から通報があるものと信じていたようなのだ。そうすれば、予定どおり身の回りの処置をすべて済ませ、心静かに自決できる――そう考えていたらしい。

　ところが米軍はいきなり〝逮捕〟にきた。勝子夫人は認《したた》めている。

「東条にしてみれば、少佐級のMPがきて、まるで拉致されるみたいな形で、連行されるのがまんできなかったのでしょう。自分にふさわしい手続きをへて、堂々と進駐軍のなかへ行きたかったのではないか、と私には想像されますが、現実は、一片の連行状で逮捕されていくと悟ったとき、東条は、かねての覚悟を実行に移したように、私は考えられてなりません」(前出「面影」)

夫人の手記は、このときの東条は、突然の逮捕劇への怒りと扱いの粗雑さにかなりの興奮状態にあったのではないか、そう言外に言っているように思える。そのためにピストルの引き金を引く手元が狂ってしまったに相違ない、と。

夫の東条が一命をとりとめたことなど夢想だにしない勝子夫人は、ピストルの発射音を聞いたあと、隣家の庭を出て親類の長谷川家に行き、さらに九月十三日に、子供たちが身を寄せている福岡県の生家へと向かった。

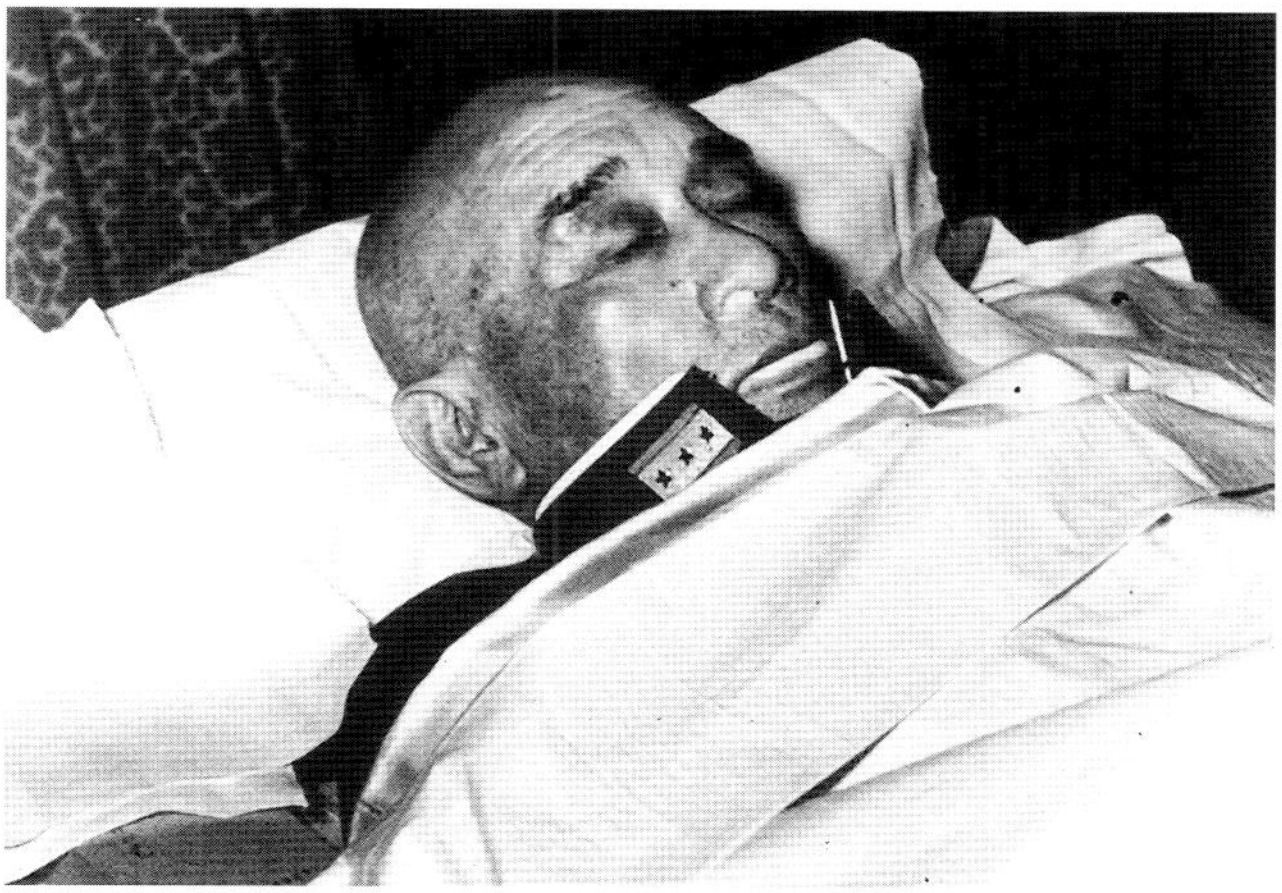

4発の拳銃弾を胸に射ち込んで自決した杉山元元帥。夫人も後を追った。

服毒自殺した橋田邦彦元文相。

自刃した小泉親彦軍医中将。

自殺者相次ぐ戦犯逮捕劇

東条自殺のニュースは地球を駆けめぐった。日本の新聞も扱いは小さかったが報道した。

翌九月十二日午後五時ごろ、東条内閣の海相だった嶋田繁太郎大将が東京・高輪の自宅でMPに逮捕され、横浜に連行された。戦犯第二号だった。東条の自決事件を聞いた嶋田は、次は自分であろうと覚悟を決めていたという。

嶋田家に二十名近い米兵が押しかけたちょうどそのころ、東京・牛込の第一総軍司令部では、司令官の杉山《すぎやま》元《はじめ》元帥が四発の拳銃弾を胸に射ち込んで自決を遂げていた。陸相経験者の杉山は、第一次逮捕者にはリストアップされていなかったが、ソープ准将の第二次リストには入っていた。

杉山の副官から夫の自決を知らされた啓子夫人は、自宅(東京・世田谷)の仏間に一人入り、純白の死装束をつけ、短刀で心臓を一突きして後を追った。

東条、嶋田が逮捕されたことを知った日本政府は、重光《しげみつ》葵《まもる》外相を通じてマッカーサー司令部に「戦争犯罪人容疑者の拘束は日本側で行いたい」と申し入れ、了承された。米軍は容疑者のリストを日本側に渡し、逮捕・拘引を委ねた。しかし軍・政界上層部の自殺者は

▲米軍機から投下された衣類や食料を受けとる連合国の捕虜たち(8月30日)。

▲当初、A級戦犯容疑者たちが収容された東京の大森俘虜収容所。屋根に書かれた英字は、連合国の捕虜たちが収容されていることを味方機に知らせるために書いたもの。

▶連合軍の捕虜たちが解放された後の大森の俘虜収容所に、今度はA級戦犯容疑者たちが送られてきた。写真は米軍の野戦病院から退院してここ大森に拘留された東条英機大将(手前左)と戦犯容疑者たちの食事風景。

さらに続いた。九月十三日の夜、東条内閣の厚相だった小泉親彦陸軍軍医中将が自宅で自《じ》刃《じん》し、翌十四日には元文相の橋田邦彦も青酸カリをあおって服毒自殺を遂げた。

橋田は所轄の荻窪警察署長から、米軍への出頭命令を伝えられた直後に服毒自殺をしたのだが、この日、警察から出頭命令を伝えられた他の戦犯容疑者たちは、続々と横浜の米第八軍司令部に自主的に出頭してきた。

まず十四日午後には賀屋興宣、岩村通世、井野碩哉、鈴木貞一、村田省蔵の五名が出頭してきた。そして翌十五日午前には橋本欣五郎、上田良武《うえだよしたけ》(海軍中将)が出頭し、午後には本間雅晴、黒田重徳両中将が出頭した。その後も出頭者は続き、十六日には寺島健、十七日に岸信介、やや空いて二十三日に土肥原賢《どひはらけん》二《じ》、三十日に東郷茂徳と続いた。東郷は心臓病のため自宅監禁とされた。

当初、自殺未遂をした東条大将を除くこれら第一次逮捕者二十一名は横浜刑務所に収容されていたが、十月五日に旧陸軍の大森俘虜《ふりょ》(捕虜)収容所に移された。米軍の野戦病院で手当を受けていた東条も傷が癒え、十月七日の夜遅く大森収容所に送られてきた。

大森俘虜収容所は終戦の八月末まで、多くの連合軍捕虜たちが収容されていた首都圏最大の収容所だった。木造のバラック建ては粗末な造りだったが、のちに移される「スガモ

大物政治家も次々戦犯容疑で拘束され、政界も敗戦の混乱の極にあった。東久邇宮内閣に代わって幣原内閣が登場した。前列中央が幣原喜重郎首相。

プリズン」（巣鴨拘置所）の生活にくらべれば、食事の差し入れも自由、無駄話も自由で楽な〝ムショ暮らし〟だった。

第一次逮捕者たちが大森の収容所に移された十月五日、東久邇《ひがしくにの》宮《みや》内閣が二カ月たらずの短命で総辞職し、元外相の幣原喜重郎《しではらきじゅうろう》に組閣の大命が下った。二十五日にはマッカーサー司令部から日本外交の機能停止を指令され、日本政府は敗戦の悲哀をひしひしと感じはじめていた。この沈鬱な空気に追い討ちをかけるように、十一月十九日の午前、マッカーサー司令部は次の十一名を戦犯容疑で逮捕し、巣鴨拘置所に拘禁するよう日本政府に命令した（氏名の下のかっこ内は、連合軍渉外局発表による）。

▽荒木《あらき》貞夫《さだお》（元陸相、文相。陸軍大将、極端な軍国主義者、男爵）

▽本庄繁《ほんじょうしげる》（枢密顧問官。陸軍大将、男爵、日本政府上層部の意思を無視して、奉天事件〈満州事変〉を起こした責任者とみなされる）

▽鹿子木員信《かしきかずのぶ》（前言論報国会理事長。永年秘密団体に参加し国家主義運動に活躍、故頭山満翁と昵懇な間柄にあったといわれる）

▽小磯国昭《こいそくにあき》（前首相。陸軍大将、大陸および南方諸地域への日本の膨張政策をもっとも熱心に提唱した一人）

▽久原房之助《ひさはらふさのすけ》（前政友会総裁。故田中義一および荒木大将の親友で、二・二六事件に関与あり）

▽葛生能久《くずうよしひさ》（前黒龍会主幹、故頭山満翁の片腕といわれる）

▽松岡洋右《まつおかようすけ》（前外相。日独伊三国同盟は彼が外相となって間もなく調印された。反米的で軍部および愛国諸団体に人気あり）

▽松井石根《まついいわね》（陸軍大将。南京暴行事件、パネー号事件、レディ・バード号事件の責任を負うべき中支那方面軍司令官の地位にあった。翼賛会の興亜総本部統理）

▽真崎甚三郎《まざきじんざぶろう》（陸軍大将。青年将校の指導者で、彼らの革新運動を鼓舞したと言われている）

▽南次郎《みなみじろう》（陸軍大将。満州事変の際の陸相、朝鮮総督、大日本政治会の総裁）

▽白鳥敏夫《しらとりとしお》（前駐伊大使。すべての軍国主義者の中でもっとも頑固な人として知られる）

十一名には翌二十日午前、「逮捕命令」が出

大量の戦犯容疑者を収容するため、大急ぎで整備、修復された巣鴨拘置所（東京・豊島区）の全景。下は巣鴨拘置所から「巣鴨プリズン」になった刑務所の正門。

たことを通告された。満州事変勃発時の関東軍司令官だった本庄繁大将は、東京・青山の旧陸軍大学校内に置かれた輔導会本部の職員を通じて知らされた。

「かねてから覚悟はしていた。十分責任を感じている」

そう答え、遺書を二通認《したた》めて理事長室の机上に置き、午前十時半ごろ自決した。

元外相の松岡洋右は、疎開先の長野県北安曇郡会染村で結核から来る全身硬化症で病床に臥《ふ》せっており、出頭には応じられそうにもなかった。

マッカーサーから戦争法規違反容疑者の逮捕を命じられた法務部長のアルバ・カーペンター大佐は、逮捕者が大量になると判断し、大急ぎで巣鴨拘置所の整備を命じ、十一月十八日にやっと終えたばかりだった。その新装成った巣鴨に、最初に出頭したのは荒木と葛生の二人だった。十一月二十三日、荒木はモーニング姿、葛生は紋付《もんつき》に羽織袴《はおりはかま》という正装だった。

近衛文麿も逮捕令の翌日に自殺

十一月十九日命令の十一名に続いて十二月二日、今度は一挙に五十九名に逮捕命令が出された。その顔ぶれは軍人や政治家だけではなく、国策団体の幹部、企業家、言論人など広範囲にわたっていた。主な逮捕者には平沼《ひらぬま》騏一郎《きいちろう》、広田弘毅《ひろたこうき》の両元首相をはじめ、大川《おおかわ》周明《しゅうめい》、徳富猪一郎《とくとみいいちろう》（蘇峰）、畑俊六《はたしゅんろく》元帥（元陸相）、佐藤賢了《さとうけんりょう》中将などがおり、なかでも注目を浴びたのは、皇族の梨本宮守正《なしもとのみやもりまさ》殿下（元帥、軍事参議官）が含まれていたことだった。

梨本宮は元帥とはいえ、戦時中はまったくといっていいくらい軍務には関係しなかったし、大日本武道会とか大日本警防協会といった団体の総裁をしていた。総裁といっても名誉職で、実際はなにもしていなかった。その梨本宮になぜ逮捕令が出されたのか……。皇

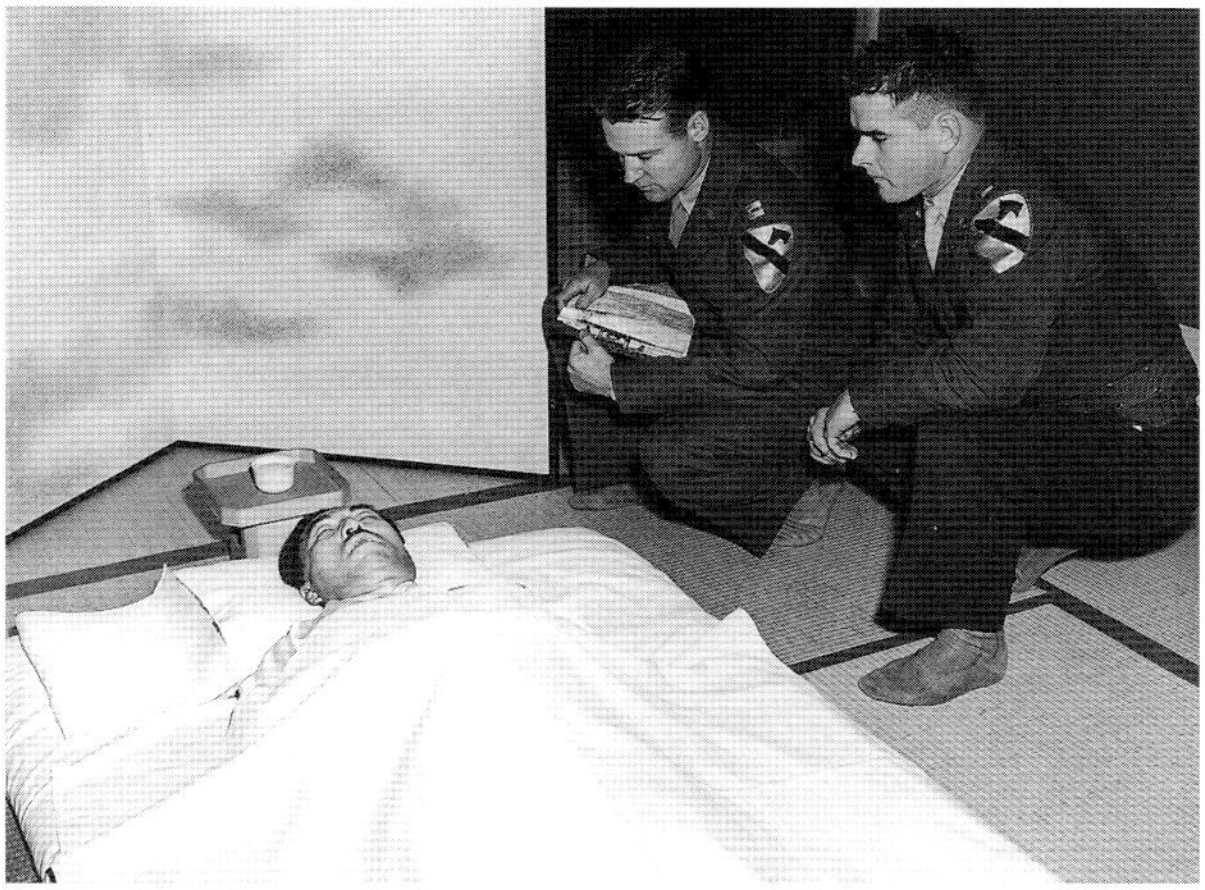

自分への逮捕状が出たことを知った近衛文麿は、軽井沢の別荘から東京の自宅に帰り、服毒自殺をした。左は首相当時の近衛。

族が逮捕されたのは、いずれ天皇にも手が及ぶ伏線ではないかと見られたのだ。

梨本宮は十二月十二日午前八時二十分、一番乗りで巣鴨プリズンに出頭した。ところが翌昭和二十一年（一九四六）四月十三日、突然釈放された。誤認逮捕だったらしいのだ。

自宅に戻った殿下は、新聞記者たちから感想を求められた。

「皇族のなかでも閑院宮《かんいんのみや》（載仁《ことひと》。元参謀総長）や伏見宮《ふしみのみや》（博恭《ひろやす》。元軍令部総長）が指名されたというのなら話は分かるが、戦争中どういうこともしていない自分が引っ張られるということはおかしいことなのだ……。疲れたね、いま風呂に入って四カ月ぶりでシャボンを使ったよ」

結果的に皇族の逮捕は梨本宮以外にはなかったが、一般指導層への逮捕劇は続けられていた。五十九名の大量逮捕令が出た四日後の昭和二十年十二月六日、新たな逮捕令が出された。巣鴨への出頭は十二月十六日の朝までと指定された。終戦後、マッカーサー元帥にも面会するなど、戦後の新生日本に活躍の場を見つけようとしていた元首相の近衛文麿《このえふみまろ》、昭和天皇の側近といわれていた内大臣の木戸《きど》幸一《こういち》を筆頭に、酒井忠正《さかいただまさ》（元貴族院副議長、伯爵）、大島浩《おおしまひろし》（元ドイツ大使、陸軍中将）、大河《おおこ》内正敏《うちまさとし》（元理研所長、元貴族院議員）、緒方竹虎《おがたたけとら》（元国務相、情報局総裁）、大達茂雄《おおたつしげお》（元内相、貴族院議員）、伍堂卓雄《ごどうたくお》（元商相、鉄相）、須磨弥《すまや》吉郎《きちろう》（元スペイン公使）の九名であった。

近衛たち九名に対する逮捕命令が出た二日後の十二月八日、大森俘虜収容所に拘置されていた東条英機大将ら戦犯容疑者も、巣鴨プリズンに移された。

近衛は自分への逮捕令が出たことを十二月六日の夕方、滞在中の軽井沢の別荘で聞いた。そして翌七日から十日までは訪問客との面会を謝絶し、十日の朝、軽井沢を発って東京の知人宅に身を寄せ、荻窪の荻外荘《てきがいそう》（自宅）に帰ったのは十四日だった。

巣鴨プリズンへの出頭期限を翌朝に控えた十二月十五日の夜、近衛は駆けつけた友人や知人、それに夫人をはじめ弟や妹、自分の子供たちなど近親者と深夜まで歓談し、午前三時ごろ一人で床についた。ところが夜明け近い朝の六時ごろ、夫人が隣室の電灯が点《つ》けっぱなしなのに気づき、近衛の部屋をのぞくと、近衛は白装束ですでに死んでいた。青酸カリによる服毒自殺だった。

九月十一日にはじまったA級戦犯容疑者の逮捕は、この近衛元首相たちの第四次で終わった。A級戦犯容疑者は延べ百名を超えた。そして本間雅晴中将らに代表されるBC級戦犯容疑者の逮捕はその後も続けられ、日本国内での逮捕は昭和二十三年（一九四八）まで続き、総数は二万五千名を超えた。

第3章 A級戦犯

A級戦犯はどのように選別されたのか？

極東国際軍事裁判所条例の公布

近衛文麿や木戸幸一ら九名への逮捕令が出された昭和二十年十二月六日、極東国際軍事裁判にとってはもう一つの大きな動きがあった。この日、裁判の首席検察官＝検事を務めるジョセフ・B・キーナンが、十九名の検事を含むアメリカ検察陣幹部三十八名を率いて厚木飛行場に降り立った。この中にはJ・フィーリー、T・モロー、A・ウッドコックといった米本国の検事経験者のほかに、犯罪捜査のプロフェッショナルであるFBI（米連邦捜査局）出身者もいた。やがてGHQ内に設置される国際検察局の次長（局長はキーナン検事）になるハロルド・ネイサンもFBIを退職したばかりであり、調査部長になるベン・サケット中佐も元FBIニューヨーク支局長だった人物だ。戦犯の選定作業に、FBI方式ともいえる犯罪捜査の基本を導入したのは、これらFBI出身者たちだった。

キーナン首席検事（左）。写真は、昭和天皇をどう扱うべきか、アメリカ政府と協議するためにいったん帰国し、昭和20年11月7日に羽田空港に帰着したときのもの。右は出迎えのマリオ二検事。

キーナンは報道陣との会見で言った。

「戦争犯罪人の追及は日華事変の一九三七年（昭和十二）七月まで遡ってやる。現在逮捕されている人たちが必ずしもすべて有罪というわけではないが、逮捕にはそれ相応の理由があるわけである。しかし慎重に事実を調べたうえで釈放される人も出てくるだろう。裁判は公明正大にやる」

キーナンは弁護士からオハイオ州検事総長の犯罪捜査特別補佐官になったが、一九三二年の大統領選でルーズベルトを応援したことから、ルーズベルト政権誕生で連邦政府司法長官特別補佐官に任命され、中央進出を果たした。やがて司法省刑事部長、司法長官補に昇進して一九三九年に退職、ワシントンで弁護士を開業していた。そして戦後の一九四五年十一月二十九日、キーナンはトルーマン大統領から日本の戦争犯罪者捜査の法律顧問団団長に任命され、来日したのである。

　十二月八日、マッカーサーはこのキーナンを局長に任命、国際検察局（International Prosecution Section 略称IPS）を都心の明治生命ビルに設置した（のちに極東国際軍事裁判所が設置された市ヶ谷台の旧陸軍省に移動する）。

　キーナンらアメリカ検事団はA級戦犯を選定するため、連日のように巣鴨プリズンに通い、東条大将をはじめとする軍人、政治家の尋問を精力的に開始した。この間の十二月二十八日、米国務省は日本の降伏文書に調印したイギリス、フランス、中国、カナダ、オーストラリア、ニュージーランド、ソ連の各国に裁判官と検察官を一名ずつ指名するよう要請した。

　そして年が改まった昭和二十一年一月十九日、連合国軍最高司令官ダグラス・マッカーサー元帥は、国際検察局のアメリカ人法務官らが起草した「極東国際軍事裁判所条例」を公布した。その内容はナチス・ドイツの戦犯たちを裁いているニュルンベルク裁判所の条例を参考にしたもので、きわめて似ていた。条例は五章十七条から構成されていたが、特に「平和に対する罪」「通例の戦争犯罪」「人道に対する罪」の三項を重大な戦争犯罪と規定した。この三項のなかで国際検察局がもっとも重視したのは「平和に対する罪」であった。

　三項は次のような内容である。
(a)「平和に対する罪」とは。侵略戦争、あるいは国際条約、協約、または約定に反する戦争を計画し、準備し、着手または実行、あるいは前記の遂行のための共同謀議に参加したこと。
(b)「戦争犯罪」とは。すなわち戦時国際法、または慣習法の違反。この違反は占領地においての一般市民の殺害、虐待、または奴隷的労働その他の目的のための国外移送を指す。さらに捕虜や海上船舶乗員の殺害または虐待、人質の殺害、公私有財産の強奪、市町村の無差別破壊、その他軍事上の見地から正当と認められない破壊行為も含まれる。
(c)「人道に対する罪」とは。すなわち犯罪行為地における国内法に違反しているかいなかを問わず、本法廷の管轄下にある犯罪の実行にあたり、または関連し、戦争前、または戦争中、政治的人種的または宗教的理由により、一般人民に対し行われた殺害、絶滅、奴隷化、国外追放、その他の非人道的行為または迫害をいう。前記の各犯罪を実行するにあたり、共同謀議に参加したか、または実行に参画した首魁《しゅかい》、組織者、教唆《きょうさ》者、共犯者は、これらの計画の実行にあたり、何人によりなされた行為に対しても責任を負うものとする。
　この三項のなかの「平和に対する罪」の定義では、侵略戦争については宣戦布告の有無は問わないこととした。満州事変と日華事変（日中戦争）の犯罪性を追及するための伏線であった。こうして戦犯裁判の準備は着々と進められていった。

キーナン検事を首席とする国際検察局が置かれた明治生命ビル。

国際検察局によるA級戦犯選び

　昭和二十一年二月二日のイギリス検察陣の来日を皮切りに、中国、カナダ、オーストラリア、ニュージーランド、ソ連などの代表検事と

この「巣鴨プリズン」には、昭和20年(1945)の開所から昭和33年(1958)に閉所されるまでに約4,000名の戦犯たちが収容されていた。もっとも多かった昭和25年1月には1862名がいた。そして東条元首相をはじめとする7名のA級戦犯を含め、60名の戦犯が処刑された。

スタッフが続々と来日した。

これら各国の検察陣が到着する前に、国際検察局首席検事のキーナンは、すでに検察局のアメリカ人要員をAからHまでの八つのグループに分けて、被告の選定作業を開始していた。このうちAからCまでは年代順に分けて、それぞれの期間内の「平和に対する罪」に関する政策を検証して被告を確定する作業を行うこととした。

Aグループ:一九三〇年～三六年一月まで。

Bグループ:一九三六年二月～三九年七月まで。

Cグループ:一九三九年八月～四一年一月まで。

Dグループ:財閥からの被告予定者の選定。

Eグループ:超国家主義団体からの被告予定者の選定。

Fグループ:陸軍軍閥からの被告予定者の選定。

Gグループ:官僚からの被告予定者の選定。

Hグループ:日本政府の資料調査で、被告の選定作業には直接関与しない。

各グループの作業は急ピッチで進められた。そして被告の最終決定は次のようなプロセスで行われることになった。

まず被告の絞り込み作業は、昭和二十一年三月二日に設立された国際検察局執行委員会(委員長はイギリス代表検事コミンズ・カー)が行い、これを各国の検事で構成された参与検察官会議にかけて最終決定案とする。この決定案を、マッカーサー司令官が承認するという手順を踏むことになった。

被告の最終選定は三月十一日の会議からはじめられ、まず東条英機、東郷茂徳、鈴木貞一の三名が決定された。続いて松岡洋右、荒木貞夫、大島浩も被告入りとなった。この被告の選定作業のなかで、新たな戦犯容疑者が洗い出され、三月末に国際検事団から初めて逮捕令が出された。元軍令部総長永野《ながの》修身《おさみ》海軍元帥、元海軍省軍務局長岡敬純《おかたかずみ》海軍中将、元陸軍省軍務局長武藤《むとう》章《あきら》陸軍中将の三名である。

四月に入り、被告選びは大詰めを迎え、四月八日までに東条元大将をはじめとする二十六名の被告が決定された。オーストラリア代表検事のマンスフィールドは、昭和天皇の訴追を強硬に主張した。しかしアメリカ政府は、占領政策を円滑に進めるためには天皇の存在は欠かせないと判断していた。このアメリカ政府の政治的判断を背負うキーナン検事は、昭和天皇の訴追には断固反対の姿勢を崩さなかった。そして昭和天皇の免責が決定された。ところがこのあと、被告選びは二転三転するのである。

まず第七方面軍司令官だった板垣征四郎《いたがきせいしろう》大将とビルマ方面軍司令官だった木村兵太郎《きむらへいたろう》大将の二名が追加され、被告が二十八名になったことだ。さらに四月十三日に遅れに遅れていたソ連のS・A・ゴルンスキー検事と判事のI・M・ザリヤノフ少将の一行四十六名がやっと到着し、ほぼ決定していた被告の尋問と選定をやり直すと言い出したのだ。

その結果、ソ連検察陣は四月十七日に前外相の重光《しげみつ》葵《まもる》（元駐ソ大使、外相）と元関東軍司令官の梅津美治郎《うめづよしじろう》大将の二名を追加するか、または他の被告と入れ替えよと強硬に要求してきた。当然、キーナンをはじめとする米検察陣は猛反対した。そこでソ連側は元首相の阿部《あべ》信行《のぶゆき》陸軍大将と真崎甚三郎《まざきじんざぶろう》陸軍大将の二人をはずし、替わりに重光、梅津を加えることを提案してきた。結局、キーナンはマッカーサー司令官に判断を仰ぎ、変更を認めることにしたのだった。

勤務に就く前に服装点検を受けるスガモプリズンの警備隊。

この一件を見てもわかるように、死刑囚を出すかもしれない戦犯選びは絶対的なものではなく、きわめて恣意《しい》的で曖昧な根拠による選定でもあった。

それはさておき、四月二十六日、重光、梅津の二人は逮捕され、巣鴨プリズンに送られてA級戦犯の仲間に入れられたのだった。そして三日後の四月二十九日、国際検察局はこれら二十八名の起訴状を極東国際軍事裁判所に送り、二十八名の被告が確定された。ちなみに四月二十九日は天長節、すなわち昭和天皇の誕生日で、日本にとっては大切な祝日だった。

起訴状は別掲のように全五十五項目からなっており、このうち第一類「平和に対する罪」が訴因第一から第三十六まで、第二類「殺人及び共同謀議の罪」が第三十七から第五十二まで、第三類「通例の戦争犯罪及び人道に対する罪」が第五十三から第五十五までと、三部に分けられていた。

起訴された二十八名は次の人たちである（被告の順番は起訴状の記載順による）。

荒木貞夫、土肥原賢二、橋本欣五郎、畑俊六、平沼騏一郎、広田弘毅、星野直樹、板垣征四郎、賀屋興宣、木戸幸一、木村兵太郎、小磯国昭、松井石根、松岡洋右、南次郎、武藤章、永野修身、岡敬純、大川周明、大島浩、佐藤賢了、重光葵、嶋田繁太郎、白鳥敏夫、鈴木貞一、東郷茂徳、東条英機、梅津美治郎。

28　1937年7月7日から1945年9月2日までの中華民国に対する戦争（日華事変）。

29　1941年12月7日から1945年9月2日までのアメリカ合衆国に対する戦争。

30　同上期間、フィリピン国に対する戦争。

31　同上期間、全英連邦に対する戦争。

32　同上期間、オランダ王国に対する戦争。

33　1940年9月22日及びその後のフランス共和国に対する戦争。

34　1941年12月7日から1945年9月2日までのタイ王国に対する戦争。

35　1938年夏期中のソ連邦に対する戦争（張鼓峰事件）。

36　1939年夏期中の蒙古人民共和国およびソ連邦に対する戦争（ノモンハン事件）。

第2類　殺人及び共同謀議の罪

次の訴因については殺人罪及び殺人の共同謀議の罪に問う。

37　1940年6月1日から1941年12月8日までの期間にアメリカ合衆国、フィリピン国、全英連邦、オランダ王国及びタイ王国の軍隊と一般人に対する殺人の罪。

38　同上期間、同上各国の軍隊及び一般人に対して、交戦国としての適法なる権利を獲得していないのに行った殺人の罪。

39　1941年12月7日午前7時55分（真珠湾時間）、ハワイ真珠湾のアメリカ合衆国の領土と艦船、航空機に対する攻撃を行い、キッド海軍少将他約4000名の陸海軍将兵及び一般人に対する不法な殺害の罪。

40　1941年12月8日午前零時25分頃（シンガポール時間）、マレー半島コタバルにおいて全英連邦の領土と航空機を攻撃、全英連邦軍将兵に対する不法な殺害の罪。

41　同上期日、香港において同上殺害の責任。

42　同上期日、上海において全英連邦のペトレル号を攻撃して全英連邦海軍軍人3名を不法に殺害した罪。

43　同上期日、フィリピン国のダバオでアメリカ合衆国軍将兵並びにフィリピン国軍将兵及び一般人を攻撃、殺害した罪。

44　1931年9月18日から1945年9月2日までの連合国捕虜の大虐殺の罪。

45　1937年12月12日以降、南京市を攻撃して数万の中華民国の一般人と武装解除された兵員を殺害した罪。

46　1938年10月21日以降、広東市を攻撃して多数の中華民国の一般人と武装解除された兵員を殺害した罪。

47　1938年10月27日前後に、漢口を攻撃して多数の中華民国の一般人と武装解除された兵員を殺害した罪。

48　1944年6月18日前後に長沙市を攻撃して多数の中華民国の一般人と武装解除された兵員を殺害した罪。

49　1944年8月8日前後に湖南省衡陽市を攻撃して多数の中華民国の一般人と武装解除された兵員を殺害した罪。

50　1944年11月10日前後に広西省桂林、柳州両都市を攻撃して多数の中華民国の一般人と武装解除された兵員を殺害した罪。

51　1939年夏、ハルヒン・ゴール河流域で蒙古及びソ連邦軍の若干名を殺害した罪。

52　1938年7～8月、ハーサン湖区域でソ連邦軍の若干名を殺害した罪。

第3類　通例の戦争犯罪及び人道に対する罪

53　1941年12月7日から1945年9月2日までの間、アメリカ合衆国、全英連邦、フランス共和国、オランダ王国、フィリピン国、中華民国、ポルトガル共和国、ソビエト社会主義共和国連邦の軍隊と捕虜と一般人に対する戦争法規慣例違反。

54　1941年12月7日から1945年9月2日までの戦争法規慣例違反。

55　1941年12月7日から1945年9月2日までの、訴因53にある各国の軍隊と捕虜に対する戦争法規違反。

以上の理由により被告人等に対する起訴事実を裁判所に提出するものなり。

◉ 検察の訴因

起訴状による訴因は3部に分けられており、合計55項目からなっていた。

第1類　平和に対する罪（第1〜36項）

第2類　殺人及び共同謀議の罪（第37〜52項）

第3類　通例の戦争犯罪並びに人道に対する罪（第53〜55項）

この全55項目のうち、各被告の該当容疑は別表のとおりです。尚、次の訴因内容は本文を簡略化したものです。

第1類　平和に対する罪

1　1928年（昭和3）1月1日から1945年（昭和20）9月2日までの期間に、日本が東南アジア、太平洋、インド洋地域を支配下におこうとした共同謀議。

2　同上期間、満州（中国の遼寧、吉林、黒龍江、熱河）を支配するための共同謀議。

3　同上期間、中華民国を支配するための共同謀議。

4　同上期間、アメリカ合衆国、全英連邦（本起訴状で使用する場合は常に大ブリテン及び北アイルランド連合王国、オーストラリア連邦、カナダ、ニュージーランド、南アフリカ連邦、インド、ビルマ、マレー連邦及び国際連盟において個々に代表されない大英帝国の他のすべての部分を含む）、フランス共和国、オランダ王国、中華民国、ポルトガル共和国、タイ王国、フィリピン国及びソビエト社会主義共和国連邦に対し宣戦を布告し、または布告しないで1回または数回の侵略戦争を行った共同謀議。

5　同上期間、訴因1と訴因4の各地域・国に対して戦争をするための日独伊3国の共同謀議。

6　同上期間、中華民国に対して行った戦争の計画と準備。

7　同上期間、アメリカ合衆国に対して行った戦争の計画と準備。

8　同上期間、全英連邦に対して行った戦争の計画と準備。

9　同上期間、オーストラリア連邦に対して行った戦争の計画と準備。

10　同上期間、ニュージーランドに対して行った戦争の計画と準備。

11　同上期間、カナダに対して行った戦争の計画と準備。

12　同上期間、インドに対して行った戦争の計画と準備。

13　同上期間、フィリピン国に対して行った戦争の計画と準備。

14　同上期間、オランダ王国に対して行った戦争の計画と準備。

15　同上期間、フランス共和国に対して行った戦争の計画と準備。

16　同上期間、タイ王国に対して行った戦争の計画と準備。

17　同上期間、ソビエト社会主義共和国連邦に対して行った戦争の計画と準備。

18　1931年（昭和6）9月18日、中華民国に対する戦争開始（満州事変）。

19　1937年（昭和12）7月7日、中華民国に対する戦争開始（日華事変）。

20　1941年（昭和16）12月7日、アメリカ合衆国に対する戦争開始（太平洋戦争）。

21　同上期日頃、フィリピン国に対する戦争開始。

22　同上期日頃、全英連邦に対する戦争開始。

23　1940年（昭和15）9月22日又はその頃、フランス共和国に対する戦争開始（北部仏印進駐）。

24　1941年（昭和16）12月7日、タイ王国に対する戦争開始。

25　1938年（昭和13）7〜8月にハーサン湖地域でソ連邦に対する戦争開始（張 鼓峰事件）。

26　1939年（昭和14）の夏、ハルヒン・ゴール河区域で蒙古人民共和国に対する戦争（ノモンハン事件）。

27　1931年9月18日から1945年9月2日までの中華民国に対する戦争（満州事変）。

マッカーサー司令官から裁判長に任命された
ウィリアム・F・ウェッブ判事。

ようやく整った軍事法廷の陣容

降伏文書に署名した九カ国から推薦された裁判官たちも、検察陣と前後して次々来日し、二月五日、マッカーサー司令官はこれら九カ国の代表を正式に極東国際軍事裁判（通称「東京裁判」）の裁判官に任命した。裁判長にはオーストラリア代表のウィリアム・F・ウェッブ判事を指名した（二月十五日）。

ウェッブ裁判長はオーストラリアのクインズランド大学を卒業して弁護士になり、のちクインズランド州の法務次官、同州の最高裁判所長官を歴任し、一九四六年から五八年まではオーストラリア連邦高等裁判所判事を務めた。また太平洋戦争中の一九四三年、オーストラリア政府の要請でニューギニア戦線の日本軍の残虐行為を調査した『一九四一〜四四年の日本人の残虐行為、および戦闘法規違反に関する報告書』をまとめ、一九四四年にはイギリスの連合国戦争犯罪委員会にも加わっていた。こうした経歴から、ウェッブ判事は国際判事団のなかではもっとも強硬な反日論者と見られていた。

重光と梅津が逮捕された昭和二十一年四月二十六日、裁判所条例の改正が行われ、インドとフィリピンからそれぞれ裁判官が追加任命されて合計十一名となった。このときインドから派遣された裁判官が、のちに全員有罪判決を下した法廷で、たった一人「全員無罪」を主張したパル判事だった。

こうして検察団と裁判官団の準備は整えられたが、法廷を構成するもう一つのグループ、弁護人の選任と構成は難航していた。

マッカーサー司令部が東条元首相たちに逮捕令を出した翌日の昭和二十年九月十二日、日本政府は臨時閣議を開いて裁判対策を協議した。政府が恐れたのは、ドイツと同じような戦犯裁判が行われた場合、天皇が戦争犯罪人として法廷に立たされるのではないかということだった。そこで幣原喜重郎内閣は「天

◉裁判官一覧

裁判長

●ウィリアム・F・ウェッブ
オーストラリア代表裁判官：オーストラリア連邦高等裁判所判事。

判　事

●E・スチュワート・マクドーガル
カナダ代表裁判官：高等法院判事。

●梅　汝璈
中華民国代表裁判官：南開・武漢両大学教授、立法部員。

●アンリー・ベルナール
フランス代表裁判官：

●バーナード・V・A・レーリンク
オランダ代表裁判官：ユトレヒト裁判所判事、同大学教授。

●エリマ・ハーベー・ノースクロフト
ニュージーランド代表裁判官：最高法院判事。

●I・M・ザリヤノフ少将
ソ連代表裁判官：陸大法学部長。

●パトリック
イギリス（大ブリテン・北アイルランド連合王国）代表裁判官：
王室顧問弁護士、スコットランド高等法院判事。

●ジョン・P・ヒギンズ（のちマイロン・C・クレーマー少将）
アメリカ合衆国代表裁判官：

●ラーダ・ピード・パル
インド代表裁判官：カルカッタ大学教授、高等法院判事、
国際法学会会員。

●D・ジャラニラ
フィリピン代表裁判官：高等法院陪席判事。

◉ 検察官一覧

首席検察官

●ジョセフ・B・キーナン
アメリカ合衆国代表検察官

副検察官

●向　哲濬
中華民国代表検察官

●A. S.コミンズ・カー
イギリス(大ブリテン・北アイルランド連合王国)代表検察官

●S. A.ゴルンスキー
ソビエト社会主義共和国連邦代表検察官

●A. J.マンスフィールド
オーストラリア連邦代表検察官

●H. G.ノーラン
カナダ代表検察官

●ロベル・オネト
フランス共和国代表検察官

●W. G. F.ボルゲルホフ・マルデル
オランダ王国代表検察官

●R. H.クイリアム
ニュージーランド代表検察官

●ゴビンダ・メノン
インド代表検察官(代理:コミンズ・カー)

●ペドロ・ロペス
フィリピン国代表検察官

ザリヤノフ判事

マクドーガル判事

パトリック判事

梅汝璈判事

クレーマー判事

ベルナール判事

パル判事

レーリンク判事

ジャラニラ判事

ノースクロフト判事

皇には戦争責任がない」旨の説明書を作ることを決め、国際軍事裁判所に対して天皇の戦犯免責を働きかけることにした。

当然、逮捕されている戦犯容疑者の弁護に関しても、個人弁護よりも国家弁護、すなわち天皇への戦犯疑惑を晴らすための弁護を優先させる方針を立てた。さらに天皇に嫌疑がおよんだ場合にそなえて、昭和二十一年二月九日には各省から無罪立証のための資料を集めておくようにとの「基礎的資料調整の件」も通達した。

だが、逮捕された戦犯容疑者とその家族にとっては、国家弁護優先もさること、自分たちの身の行く末のほうが心配だった。そこで逮捕された人たちは陸軍省や海軍省、外務省、あるいは弁護士会などを通して個人的に弁護人を依頼していった。弁護人には弁護士の資格がなくてもよかったし、また二十八名のA級戦犯が確定してからは、数名の補佐弁護人も認められた。なかには戦犯にされた友人・知人のために自ら弁護人を買って出た人もいた。

当初、逮捕されたA級戦犯容疑者の大半は陸軍関係者だった。そこで陸軍省は大山文雄陸軍法務中将を中心に、信夫淳平（元海軍大学校国際法教官）、田村幸策（外交史家）、それに清瀬一郎などの国際法顧問団が弁護人の相談に乗っていた。ところが戦時中の総理大臣であり、陸軍大臣と参謀総長も兼ねていた東条英機陸軍大将には、弁護人になろうと申し出る者が一人もいなかった。困った陸軍省の幹部たちは、現職の弁護士でもある清瀬一郎に相談を持ちかけた。

清瀬は大正九年（一九二〇）に衆院議員に初当選以来、連続八回当選し、その間に衆院副議長や東京弁護士会会長も務めた著名人で、さらに戦争末期には請われて前記した陸軍省の国際法顧問団も嘱託《しょくたく》されていた。

清瀬の『秘録東京裁判』（読売新聞社刊）によれば「一人、東条の世話になった塩原時三郎《しおはらときさぶろう》君（元逓信院総裁）がやってもよいということであったが、これは弁護士資格はあったがまだ法廷にでたことのない人で、陸軍省幹部も、いっそ清瀬にやってもらったらどうか、といいだした」のだという。

「私は、それでは本人が同意するなら引き受けてみようということで、東条が大森から巣鴨に移された翌日に会ってその旨を伝えた。東条は、よろしく頼むといって、私に依頼したので引き受けることとなり、それからしばらくは塩原君と一緒に東条の権利を擁護した」

こうして四月二十九日の起訴状によって被告が確定し、それぞれの弁護人も決まった五月四日、極東国際軍事裁判日本弁護団が結成され、団長には鵜沢総明《うざわそうめい》弁護士が、副団長には清瀬一郎が選ばれた。

そして裁判は英米法で行われるため、マッカーサーは日本の終戦連絡事務所の申し出を容《い》れて、アメリカ本国に日本の弁護人を補佐する弁護団の派遣を要請していた。その各被告を担当する米人弁護人たちも続々来日し、東京裁判の陣容はようやく整った。

一堂に会した日本人弁護人。挨拶をしているのは団長の鵜沢総明弁護士。

◉日米弁護人・補佐弁護人一覧

被告	日本人弁護人	米人弁護人	補佐弁護人
荒　木	菅原　　裕	ローレンス・マクマナス	蓮岡高明、徳岡二郎
土肥原	塚崎　直義 のち太田金次郎	フランクリン・ウォーレン	加藤隆久、木村重治
橋　本	林　　逸郎	E・R・ハリス	金瀬薫二、岩間幸平、菅井俊子
畑	神崎　正義	A・G・ラザラス中尉	国分友治、今成泰太郎
平　沼	宇佐美六郎	サムエル・J・クライマン大尉	澤　邦夫、毛利与一
広　田	花井　　忠	デイビッド・F・スミス ジョージ・山岡（後任）	安東義良、守島伍郎
星　野	藤井五一郎	ジョージ・C・ウィリアムス	右田政夫、松田令輔
板　垣	山田　半蔵	フロイド・J・マタイス	佐々川知治、阪埜淳吉
賀　屋	高野　弦雄	マイケル・レヴィン	田中康道、藤原謙治、山際正道
木　戸	穂積　重威	ウィリアム・ローガン	木戸孝彦
木　村	塩原時三郎	ジョセフ・C・ハワード	是恒達見、安部　明
小　磯	三文字正平	アルフレッド・W・ブルックス	高木一也、三町恒久 小林恭一、松阪時彦
松　井	鵜沢　総明 のち伊藤清	フロイド・J・マタイス	上代琢禅、大室亮一
松　岡	小林　俊三	フランクリン・ウォーレン	?
南	竹内金太郎 のち岡本敏男	ウィリアム・J・マコーマック のちアルフレッド・ブルックス	松澤龍雄、近藤儀一
武　藤	岡本　尚一	ロージャー・F・コール	佐伯千仭、原清治、松崎巍
永　野	奥山　八郎	ジョン・G・ブラナン	安田重雄
岡	宗宮　信次	フランクリン・ウォーレン	小野清一郎、稲川龍雄
大　川	大原　信一	アルフレッド・ブルックス	金内良輔、福岡文子
大　島	塚崎　直義 のち島内龍起	オーウェン・カニンガム	内田藤雄、牛場信彦
佐　藤	清瀬　一郎 のち草野豹一郎	ジェームス・N・フリーマン	藪馬伊三郎、藤沢親雄
重　光	高柳　賢三	ジョージ・A・ファーネス大尉	金谷静雄、三浦和一
嶋　田	高橋　義次	エドワード・P・マクダモット	滝川政次郎、祝島男、鈴木勇
白　鳥	鵜沢　総明 のち成富信夫	チャールズ・B・コードル	佐久間信、広田洋二
鈴　木	長谷川元吉 のち高柳賢三	マイケル・レヴィン	戒能通孝、加藤一平
東　郷	穂積　重威 のち西春彦	チャールズ・T・ヤング のちジョージ・山岡	加藤伝次郎、新納克己
東　条	清瀬　一郎 塩原時三郎	ビーバレー・M・コールマン大佐 のちジョージ・F・ブルーエット	松下正寿
梅　津	三宅正一郎 のち宮田光雄	ベンブルース・ブレイクニー少佐	小野喜作、池田純久、梅津美一

二十八被告の横顔

荒木《あらき》貞夫《さだお》

陸軍大将

（一八七七～一九六六）

陸士9期、陸大卒。教育総監部本部長、昭和6年12月犬養内閣陸相、9年1月軍事参議官、11年3月予備役、13年5月第一次近衛内閣文相。

八の字ヒゲがトレードマークの荒木は、満州事変後、陸軍部内の革新派の第一人者として隠然たる勢力を誇るようになっていた。

荒木は陸士第九期、陸大卒。出世街道をひた走った荒木の主な役職を拾うと、次のように並ぶ。駐露武官、ハバロフスク特務機関長、憲兵司令官、参謀本部第一部長、陸大校長、第六師団長、教育総監部本部長、そして犬養・斎藤両内閣の陸相……。昭和八年十月に大将に昇進した荒木は翌九年一月に軍事参議官・男爵となる。十一年三月予備役に回り、十三年五月には第一次近衛内閣の文相になった。

こうしてつねに軍の中枢にいた荒木は、日本が国際連盟を脱退した当時、脱退論をあおって政官界を引きずり、日本を孤立化へ追い込んだ一人である。そして陸軍の政界進出は五・一五事件を契機としているが、その推進者は陸相当時の荒木と真崎甚三郎参謀次長、林銑十郎教育総監の三人だった。

皇道派の橋本欣五郎中佐ら青年将校が、軍部独裁政権を狙ってクーデターを計画した三月事件、十月事件は、この荒木、林、真崎の三大将を政権の中枢に据えようとしたものだった。もっとも荒木は熱烈な天皇中心主義者で、青年将校たちが非合法な手段に訴えることはあまり好まなかったという。

二・二六事件のときは軍事参議官という閑職だったが、皇道派の首領の一人として青年将校たちをバックアップしていたのではないかと疑われた。だが、実際は軍長老のなかでは一番明確に叛乱将兵に対して原隊復帰を呼びかけたという。しかし、この事件後の粛軍人事で予備役に退《ひ》かされた。

土《ど》肥《ひ》原《はら》賢二《けんじ》

陸軍大将

（一八八三～一九四八）

陸士16期、陸大卒。昭和6年8月奉天特務機関長、14年5月第5軍司令官、16年6月航空総監、20年4月教育総監、20年8月第12方面軍司令官。

陸軍屈指の中国通で、その活躍した舞台から「満州のローレンス」などとも呼ばれた。大佐だった満州事変当時は特務機関長としてもっぱら謀略に明け暮れ、中国人からは土肥原＝土匪原の異名で怖《おそ》れられていた。

陸大を卒業後、長年中国各地に駐在し、歩兵第三十連隊長を務めて満州事変が始まったときは奉天特務機関長だった。そして関東軍が奉天（現・瀋陽）を占領した当初の昭和六年九月から十月まで奉天市長を務める。このとき、土肥原の軍歴のなかで歴史に残る二つの事件にかかわる。

ひとつは関東軍が清朝の廃帝・溥儀《ふぎ》を皇帝として満州建国を企図したとき、溥儀を天津から連れ出したこと、もう一つは華北分離工作を積極的に推進したことで、チャハル（察哈爾）事件をきっかけとして土肥原・秦徳純協定を強引に締結したことである。

土肥原の華北分離工作とは、河北省内に冀東防共自治政府を成立させ、国民政府からの離脱宣言をさせて、満州国の隣にもう一つの小満州国を造ろうとした謀略のことである。

こうした一連の強引な謀略の頭目だった土肥原を、中国人は土匪原と呼んだのだ。

昭和七年に少将、十一年に中将、十六年に大将と順調に昇進し、太平洋戦争がはじまる直前の昭和十六年六月に航空総監兼航空本部長に就任、その後も東部軍司令官、第七方面軍司令官、教育総監と歴任し、そして敗戦直前の二十年八月に第十二方面軍司令官兼第一総軍司令官に就《つ》いた。

敗戦後の九月、軍事参議官になったところで戦犯容疑で米軍に逮捕された。

橋《はし》本《もと》欣《きん》五《ご》郎《ろう》

予備役大佐

（一八九〇〜一九五七）

陸士23期、陸大卒。昭和5年参謀本部ロシア班長、11年8月予備役、11年10月大日本青年党統領、12年10月〜14年3月召集、17年5月衆院議員。

　橋欣《はしきん》といえば軍を中心としたクーデター煽動者のイメージが強い。本来は陸大も卒業した砲兵科将校のエリートなのだが、昭和二年九月にトルコ公使館付武官になるまでは関東軍のハルビン特務機関員、満州里特務機関長など、どちらかといえば軍の裏街道を歩いてきた。ところが、このトルコ駐在のときにトルコ共和国建国の父といわれる初代大統領アタテユルク（ケマル・パシャ）に接して傾倒したことで、その人生を大きく変える。

　昭和五年六月、帰国した橋本はアタテュルクの近代的な国民国家建設運動と橋本独特の天皇帰一《きいつ》主義を結合させた飛躍的国家体制なるものを提唱しはじめた。当時、中佐だった彼は若手将校を糾合して桜会を結成した。そして翌六年に三月事件、十月事件と呼ばれる国家転覆のクーデターを計画したが、いずれも失敗した。

　その後、二・二六事件後の粛軍人事によって大佐で予備役に編入された。しかし、日華事変がはじまると召集されて野戦重砲の連隊長として出征、揚子江を航行していた英艦「レディバード」号を砲撃した。当然、外交問題に発展し、橋本は退役させられた。

　退役後の橋本は大日本赤誠会をつくり、昭和十七年の総選挙に出馬して当選、また大政翼賛会壮年団本部長なども務め、もっぱら政治活動に従事した。彼の政治好きは釈放されたあとも続き、三十一年には参院全国区に出馬したが、惨敗だった。その年の暮れ、肺ガンと診断されて闘病生活に入った。そして最後に吸わせてもらった「富士」（煙草）を「うまいなあ」と言って息を引きとった。

畑《はた》 俊《しゅん》六《ろく》

陸軍元帥

（一八七九〜一九六二）

陸士12期、陸大卒。昭和11年台湾軍司令官、12年教育総監、13年中支那派遣軍司令官、14年8月陸相、16年3月支那派遣軍総司令官。

　現役時代の畑俊六には頭脳明晰、八面玲瓏《はちめんれいろう》（どこからみても美しく鮮明なこと）という評価があった。そこからは権謀術数などというイメージは浮かんでこない。しかし畑は米内内閣の陸相のときに単独で辞表を出し、後任の陸相を推薦しないという手段で米内内閣を倒したという〝実績〟がある。それは米内光政海軍大将が親米英派で、陸軍の推すドイツとの連携を拒んだからであり、倒閣は畑だけの責任とはいえないが、畑にはそうした陸軍の横暴を断固拒否するという強靭《きょうじん》な思想も独自の政略・戦略もなかった。

　畑は昭和八年に第十四師団長に就任、第一次上海事変に出動した。帰還後は航空本部長、台湾軍司令官、教育総監などを歴任して昭和十二年十一月に大将に昇進、十四年八月に阿部内閣の陸相になった。当時、陸軍の若返り人事が喧伝され、陸士十六期の板垣前陸相の後任は十七期以降の者と噂されたのに、十二期の畑が陸相になったのは、陸軍統制派の横暴を抑制するため、昭和天皇が同派の穏健分子である畑を指名したのだといわれている。しかし次期の米内内閣でも陸相を続けた畑は、前記のように非戦派の米内内閣を瓦解させて好戦派に開戦の途を開くという結果を招いた。

　ところで畑は、日中戦争の勃発に際しては武漢作戦時の中支那派遣軍司令官であり、十六年三月から十九年十一月までは支那派遣軍総司令官だった。裁判ではこの二つの司令官時代に、日本軍が中国各地で引き起こした残虐行為を停止させる処置をとらなかったことと、米内内閣つぶしの中心人物であったことが問題にされた。

平沼《ひらぬま》騏《き》一郎《いちろう》

元首相

（一八六七～一九五二）

東京帝国大学法科大学卒。大正元年から約10年間検事総長、10年大審院長、大正15年～昭和11年国本社社長、11年枢密院議長、14年1月～8月首相。

明治二十一年（一八八八）に東大法科卒と同時に司法省に入り、大逆事件の主任検事などを務めて暗黒裁判を指揮し、大正元年に検事総長になる。その後大審院長にのぼりつめ、第二次山本権兵衛内閣に初めて司法大臣として入閣、政治家としての第一歩を踏み出した。そして山本内閣総辞職後の大正十五年、神道イズムの鼓吹《こすい》を目標とした国本社を組織し、社長に納まった。軍部独裁内閣を企図する陸軍の真崎甚三郎、荒木貞夫、海軍の加藤寛治、末次信正といった〝軍部革新論者〟たちと結びついたのはこのときだった。

　その後平沼は枢密顧問官になり、昭和十一年（一九三六）三月には議長に就《つ》いた。首相になったばかりの広田弘毅の推薦だった。広田は平沼に議長就任の条件として、右翼団体との関係をいっさい絶つことを約束させたという。平沼は約束を守って自分で組織した国本社を解散した。国本社こそ将校、高級官僚、枢密院、貴族院などの超保守主義者を網羅したものだったからであり、平沼が政界に隠然たる勢力を持ち得た根拠地だった。

　平沼は昭和十四年一月五日、第一次近衛内閣の後を受けて首相の座をうちとめた。そして大島浩駐独大使、白鳥敏夫駐伊大使たちの執拗《しつよう》な勧めもあって日独伊軍事同盟の締結交渉を行っていたが、同年八月、そのドイツが独ソ不可侵条約を結んだことに仰天、判断力を失った平沼は「欧州の天地は複雑怪奇なり」という情けない言葉を残して退陣した。しかし政界への未練は強く、第二次近衛内閣の無任所相、内相などに就き、昭和二十年には枢密院議長に就いていた。

広田《ひろた》弘毅《こうき》

元首相

（一八七八～一九四八）

東京帝国大学法科大学卒。昭和5年駐ソ連大使、8年9月～11年2月外相、11年3月～12年1月首相、12年6月外相。

　明治三十八年に東大卒業と同時に外務省に入った広田は、外交官の道を歩く。公使や大使としてイギリスに四年、アメリカ、中国、オランダに各三年、ソ連に二年半駐在した。

　昭和八年九月、斎藤実内閣の外相に抜擢された広田は、続く岡田内閣でも外相を務め、十一年三月、首相の座に就《つ》いて日独防共協定を締結し、ファシズム的性格を鮮明にした。

　広田内閣の最大の使命は粛軍にあった。その過程で陸軍から「軍部大臣現役制度の復活」の提案があった。二・二六事件の責任をとらされて予備役に編入された軍人たちの返り咲きを阻止するという理由だったため、断りにくかった。広田は陸相候補は三長官（陸相・参謀総長・教育総監）の同意した者に限るという内規を撤廃することを条件に承諾した。後に陸軍はこの制度を徹底的に悪用して軍部独裁の実権を握っていくのだが、東京裁判ではそういう制度を復活させた責任も問われた。

　また広田内閣当時に作成された「国策の基準」は、陸軍の中国大陸進出や海軍の南方進出の主張をそのまま認めたような格好になっており、東京裁判では「広範な影響のあるこの政策は、ついに一九四一年の日本と西洋諸国との間の戦争をもたらすこととなった」として、戦争責任を問われた。

　昭和十二年一月末、広田内閣は一年足らずで瓦解するが、のち第一次近衛内閣で再び外相に就任し、日独伊防共協定を成立させた。

　頭山満の玄洋社に育った「国士肌の人物」といわれ、海外では「日本ファッショの中枢的秘密結社」黒龍会（ブラック・ドラゴン・ソサイエティ）の領袖《りょうしゅう》として知られていた。

星野《ほしの》直樹《なおき》

満州国総務長官

（一八九二～一九七八）

東大政治学科卒。昭和12年満州国総務長官、15年7月～16年4月企画院総裁、16年10月～19年7月東条内閣書記官長。

星野は大蔵省の逸材だった。東大の政治学科を卒業して大蔵省に入り、営繕管財局国有財産課長だった昭和七年（一九三二）、推《お》されて建国直後の「満州国」の官吏に転出、財政部理事官を皮切りに次々と要職に就《つ》き、五年後の昭和十二年には国務院総務長官になり、同国の内政を事実上牛耳った。

この満州時代、関東軍首脳とも親密な関係を結ぶ。星野の画策した産業五カ年計画、満州重工業会社の創立、日満統制経済の実現などは、これら軍部の人脈による後押しの成果といってもいい。関東軍参謀長の東条英機と知り合ったのもこのころで、当時、満州国を実質的に支配していた人物を指す言葉の「二キ三スケ」の一角を占めていた。すなわち東条英機《キ》、松岡洋右《スケ》（満鉄総裁）、鮎川義介《スケ》（満州重工業開発会社総帥）、岸信介《スケ》（満州国産業部次長）、それに星野直樹《キ》である。

昭和十五年、第二次近衛内閣に招かれて帰国、企画院総裁兼無任所大臣に就任し、資本と経営の分離などナチスばりの経済新体制を目指したが、自主統制を主張する財界と対立し、昭和十六年四月に辞職した。

辞職後は勅撰の貴族院議員になっていたが、同年十月に東条内閣が誕生、内閣書記官長として政界に返り咲いた。その間、総力戦研究所所長、国家総動員審議会委員などを兼務した。東京裁判当時のマスコミの表現を借りれば、星野の企画的な頭脳は「ノートを持たねば話せぬ」という記憶力散漫な東条にとって、強力な助力者であったという。

戦犯釈放後は旭海運社長、東急電鉄取締役、ダイヤモンド社会長などを歴任した。

板垣《いたがき》征四《せいし》郎《ろう》

陸軍大将

（一八八五～一九四八）

陸士16期、陸大卒。昭和4年5月関東軍高級参謀、11年3月関東軍参謀長、13年6月陸相、16年7月朝鮮軍司令官、20年4月第7方面軍司令官。

敗戦のとき板垣は第七方面軍司令官としてシンガポールにおり、イギリス軍に身柄を拘束されていた。しかしA級戦犯に指定されたため、開廷初日の昭和二十一年五月三日に東京へ移送されてきた。

板垣に対する訴因の主要部分は、満州事変と満州建国に関する謀略容疑だった。いまでは満州建国にいたる一連の謀略を計画・指揮したのは、当時、関東軍の高級参謀だった板垣大佐と作戦主任参謀だった石原莞爾《かんじ》中佐（のち中将）だったことは知られている。しかし、当時その事実を知っていたのは陸軍部内でもほんの一部で、東京裁判で全容が明るみに出されるや、国民は大きな衝撃を受けた。

満州事変直後の昭和七年八月、少将に昇進した板垣は建国間もない満州国の執政顧問という肩書きで満州とのかかわりを深めていく。以後も満州との関係は続き、満州国軍政部最高顧問（九年八月～十二月）、関東軍参謀副長兼駐満大使館付武官（九年十二月～十一年三月）、関東軍参謀長（十一年三月～十二年三月）というぐあいに、満州事変から約六年間というもの関東軍に属していた。

この間中将に昇進した板垣は、十三年六月、第一次近衛内閣の陸相となり、続く平沼内閣でも陸相に留任して日独伊三国同盟の締結を強硬に主張した。その後、支那派遣軍総参謀長に転出し、大将になって朝鮮軍司令官となる。こう見てくると、順調な出世街道を歩んだ軍人といえるけれども、部下の参謀や少壮の将校たちのいうがままに動くところがあり、「頭に祭り上げられる型の軍人」といわれる所以《ゆえん》である。

賀屋興宣《かやおきのり》

蔵相

（一八八九〜一九七七）

東大卒。昭和12年6月第1次近衛内閣蔵相、14年8月北支那開発株式会社総裁、16年東条内閣蔵相、戦後の池田内閣法相。

終身禁固刑の判決を受けた賀屋は、昭和三十三年（一九五八）に赦免されるやただちに政界に復帰、A級戦犯としては首相になった岸信介（容疑者）とともに戦後の政界でもっとも活躍した一人である。

東大を卒業して大蔵省に入った賀屋は主計課長、予算決算課長などを経て主計局長にのぼりつめる。この間、予算編成事務に通暁している賀屋は一貫して陸海軍の予算編成を担当していたから、自然と陸海の少壮幕僚たちと親しくなっていった。

昭和十一年に理財局長に転じた賀屋は、翌十二年二月に林銑十郎内閣が発足するや大蔵次官に就任した。その林内閣がわずか四カ月足らずで瓦解、代わって第一次近衛文麿内閣が登場すると大蔵大臣に大抜擢された。四十八歳のときだった。

昭和十三年に蔵相を辞任して貴族院議員になった賀屋は、昭和十六年十月に東条内閣がスタートすると、日米戦の戦時予算に取り組むこととなる。以来、賀屋の蔵相在任は東条が内閣を追われる昭和十九年七月まで続く。

東条内閣の主要閣僚だった賀屋は、戦時公債を濫発《らんぱつ》し、増税によって巨大な軍事費中心の予算を組んで東条内閣を支えた。当然、その予算編成は中国の資源収奪や大東亜共栄圏の中心としてのブロック経済を視野に入れたものだった。賀屋がA級戦犯に指名された理由もここにあった。

政界に復帰した戦後は、第二次、第三次池田勇人内閣の法相を務めた。また自民党右派の長老の一人として、長く政界で活躍した。昭和四十七年議員活動から退き、「自由日本を守る会」を組織する。

木戸幸一《きどこういち》

内大臣

（一八八九〜一九七七）

京大法科卒。昭和5年内大臣秘書官長、12年近衛内閣文相・厚相、14年平沼内閣内相、15年より終戦まで内大臣。

明治の元勲《げんくん》木戸孝允《たかよし》の曾孫。父の孝正は侍従長だった。いってみれば華族の御曹司である。大正四年に京大法科を卒業した木戸は農商務省に入り、工務局工務課長、同会計課長、産業合理局部長、内大臣秘書官長兼宮内省参事官などを歴任、昭和八年に西園寺公望の推薦で宮内省宗秩寮総裁に任ぜられた。

昭和十二年十月、学習院、一高、京大を通じての親友である近衛文麿が組閣すると文相に就任、ついで厚相も兼任して自他ともに〝近衛内閣の副総理〟をもって任じていたが、昭和十四年、近衛内閣退陣とともに野に下り、貴族院議員を務めていた。

その後、平沼内閣の内相を経て、十五年六月、内大臣に就任する。そして、それまでは元老の西園寺公望が後継首相を天皇に推薦するのを常としていたが、米内光政内閣総辞職のあと、そのことを辞退したので、木戸は重臣会議を招集して意見を聞き、それに基づいて近衛を推薦した。以後、後継首相を天皇に推薦するにあたっては、木戸の思考・判断が重要な役割を果たすようになった。

それだけに東京裁判での木戸の役割は、昭和天皇を戦犯の座に座らせないこと、その一点に絞られていた。検事側の証拠として『木戸日記』を提出したのも、天皇の平和主義者としての側面を強調するためだったといわれる。反面、天皇を擁護するあまり、木戸の証言は軍人被告に対する容赦ない批判となった。

そのあまりのひどさに、武藤章や佐藤賢了は木戸に「この大バカ野郎が」と罵声《ばせい》を浴びせ、橋本欣五郎も「本来ならこんな奴は締めあげてやるんだが」と罵ったという。

木《き》村《むら》兵《へい》太《た》郎《ろう》

陸軍大将

（一八八八～一九四八）

陸士20期、陸大卒。昭和15年関東軍参謀長、16年4月～18年3月東条陸相の下で次官、19年8月ビルマ方面軍司令官。

東京裁判で絞首刑に処せられた七戦犯の中で、木村ほどその名が一般国民になじみの薄い軍人はいない。また陸士、陸大は出ているものの、職業軍人としての経歴にも特記するような事項はない。木村の経歴でもっとも光っているのは第二、第三次近衛内閣と東条内閣の陸軍次官というポストであろうか。仕えた陸相は東条英機だが、当時は陸軍きっての秀才といわれた武藤章が軍務局長であり、両者にはさまれて木村の存在はあまり目立たなかった。東条・武藤のコンビの間に、切れ者の次官は必要なかったということである。

次官就任前は約六カ月間、関東軍参謀長を務め、次官辞任後は昭和十八年三月から一年半ほど軍事参議官兼兵器行政本部長という職にあり、敗色が濃くなった十九年八月、ビルマ方面軍司令官として前線に出た。しかし当時のビルマは、牟田口廉也中将が進めたインパール作戦が惨敗したあとで、将兵は悲惨の極にあった。そして木村はそのままビルマで敗戦を迎え、戦犯としてイギリス軍に囚われてシンガポールに勾留され、東京裁判初日に空路東京に運ばれてきたのだった。

「古い型の軍人」だったといわれる木村だが、獄中から娘の百合子さんに宛た手紙では、こんな一面も見せている。

「いつまでもあると思うな親と金、ないと思うな運と災難。百合子は朗らかな美しい笑いの中心として常に家の中を、まず朝起きてから一番はじめに直ちに春風を吹かせ、一同を朗らかにしてくれ。愛は万事に勝つ。敬は秩序を保つ、礼は世界を飾る花輪なり。信は力なり……」（花山信勝著『平和の発見』より）

小《こ》磯《いそ》国《くに》昭《あき》

陸軍大将・首相

（一八八〇～一九五〇）

陸士12期、陸大卒。昭和5年陸軍省軍務局長、7年～9年関東軍参謀長、14年平沼内閣拓務相、17年朝鮮総督、19年7月～20年4月首相。

昭和十九年七月、東条内閣が瓦解、代わって小磯内閣が誕生した。ところが世間は〝木炭バス内閣〟とからかった。当時の日本はガソリンが底をつき、バスやトラックは薪《まき》を焚《た》いて走っていた。おかげでエンコはするし、ちょっとした坂道も登れなかった。実力のない小磯内閣は木炭バスそっくりだというのだ。

首相になったときの小磯は朝鮮総督をしていたが、軍の方は陸軍大将とはいっても予備役になって七年もたっており、戦局にはいたって疎《うと》かった。「日本はこんなに負けているのか」と、首相になってびっくりしたというくらいだった。さらに予備役のままで組閣したから、規則で戦局を検討する大本営の会議にも出席させてもらえなかった。しかし敗戦間際に首相になったばかりにA級戦犯に選ばれてしまった。小磯にとっての首相就任は、まさに貧乏クジだった。

小磯は陸士、陸大ともに成績は中ほどで、目立つ存在ではなかった。しかし昇進は順調で、大正十一年に大佐、同十五年に少将、昭和六年に中将と昇っている。この間に陸軍省整備局長、軍務局長を歴任して昭和七年には荒木陸相の下で次官も経験している。

その小磯が満州事変後に関東軍参謀長を務めた。これこそ小磯が実力を発揮する場であった。彼は大正四年、参謀本部の支那課兵要地誌班員になって以来、資源を中国に求めることを前提に、総力戦態勢に適合する国防経済の確立を熱心に提唱してきたからである。

記憶力バツグンで、服役中に自伝も書いたが、昭和二十五年十一月、病気が悪化して東京の米陸軍病院で死去した。

松井《まつい》石根《いわね》

陸軍大将

（一八七八〜一九四八）

陸士9期、陸大卒。昭和8年台湾軍司令官、10年予備役、12年8月召集・上海派遣軍司令官、12年10月中支那方面軍司令官兼上海派遣軍司令官。

松井は中国大陸勤務が長く、陸軍有数の中国通として知られていた。台湾軍司令官になった昭和八年に大将になった松井は、十年八月に予備役に編入されて現役を退いたが、日華事変が起きると召集されて中支那方面軍司令官兼上海派遣軍司令官を命ぜられて再び中国大陸に渡った。いわゆる「南京虐殺事件」は、この松井軍司令官のもとで起きた。東京裁判における松井の訴因は「違反行為防止責任無視による法規違反」のみであった。

すなわち南京虐殺事件に対する最高指揮官としての責任を問われたものだけであった。もちろん松井自身、虐殺事件は知っていた。

松井は南京事件に関して、唯一ともいうべき直接的な心情を吐露《とろ》している。絞首刑の判決が言い渡されたあとの昭和二十三年十一月二十九日、巣鴨プリズンの花山信勝教《きょう》誨師《かいし》との面談で語っている。松井は「南京事件ではお恥ずかしい限りです」と言ったあと、こう続けている。

「慰霊祭の直後、私は皆を集めて軍総司令官として泣いて怒った。その時は朝香宮もおられ、柳川中将も方面軍司令官だったが。折角皇威《こうい》を輝かしたのに、あの兵の暴行によって一挙にしてそれを落としてしまった、と。ところが、このことのあとで、みなが笑った。甚だしいのは、或る師団長の如きは『当たり前ですよ』とさえいった。従って、私だけでもこういう結果になるということは、当時の軍人達に一人でも多く、深い反省を与えるという意味で大変に嬉しい。折角こうなったのだから、このまま往生したいと思っている」（花山信勝著『平和の発見』より）

松岡《まつおか》洋右《ようすけ》

外相

（一八八〇〜一九四六）

オレゴン法科大卒。外務省に入り、ベルサイユ講和会議全権随員、昭和8年国連臨時総会首席全権、10年満鉄総裁、15年7月近衛内閣外相。

回船問屋だった生家が没落、十三歳にして渡米、苦学しながらオレゴン州立法科大学を卒業、明治三十七年に外交官試験に合格した。上海領事館勤務を皮切りにロシア、アメリカ勤務を経てベルサイユ講和会議随員などを歴任して大正十年に退官、満鉄に入った。理事、副総裁と進み、帰国して昭和五年に政友会から衆院議員に当選、政界に進出した。

そして満州事変、満州国建国が国際連盟で侵略行為とされたとき、日本の首席全権だった松岡は得意の英語で一時間半にわたる脱退演説をぶって退場、一躍「ジュネーブの英雄」として軍部や右翼からもてはやされる。昭和十年に満鉄総裁に迎えられ、約五年間、東条（関東軍参謀長）や鮎川義介などと並んで、いわゆる「二キ三スケ」の一人として満州支配の実権を握った。

昭和十五年七月、第二次近衛内閣の外相に就任、日独伊三国軍事同盟を締結した。さらに松岡はソ連のスターリン首相と日ソ中立条約を締結する。松岡としては、三国同盟にソ連を加えた同盟路線でアメリカと対抗できる体制を整えたつもりだった。

ところが二カ月後、独ソ開戦という事実によって松岡構想はもろくも崩れ去り、加えてアメリカから日本の枢軸外交路線を非難する口上書が突きつけられた。松岡が外相ではもはや日米交渉は進展させられないと判断した近衛は、内閣を総辞職して松岡を追い出し、打開策を模索した。しかし、時すでに遅く、アメリカに日本との妥協の意思は見えず、戦雲は刻々と濃さを増していったのだった。

失脚後は結核が悪化し、公判中に死亡した。

南《みなみ》　次《じ》郎《ろう》

陸軍大将

（一八七四～一九五五）

陸士6期、陸大卒。昭和4年朝鮮軍司令官、6年4月若槻内閣陸相、9年～11年関東軍司令官、11年～17年朝鮮総督。

武藤《むとう》　章《あきら》

陸軍中将

（一八九二～一九四八）

陸士25期、陸大卒。昭和12年参謀本部作戦課長、14年9月陸軍省軍務局長、19年10月在フィリピン第14方面軍参謀長。

裁判当時七十三歳の南は、被告のなかでは平沼騏一郎に次いで高齢者だった。陸軍大将に昇進したのは昭和五年で、翌六年四月に陸軍大臣（第二次若槻内閣）に就任した。裁判でも「戦争犯罪」の有力な一つに挙げられた満州事変は南陸相のときに起きている。

　南は事変発端の謀略計画そのものには参画しておらず、直前にそれを知って一応は中止勧告の使者は送った。しかし、事変が起こってからは政府の不拡大方針には従わず、軍閥をバックに南一流の押しの一手で幣原（喜重郎外相）外交を封じ、軍独走の端緒《たんしょ》を開いた。

　その南は、満州事変が起きる直前の昭和六年八月、満蒙対策強硬論を説き、国防は軍事に優先させるべきだと訓示したばかりだった。

　南の体質は関東軍に歓迎され、昭和九年十二月には関東軍司令官となった。しかし、二年後に二・二六事件が起こり、軍長老の一人として予備役になった。その後、朝鮮総督を十一年から十七年まで六カ年務めた。最後の役職は枢密顧問官だった。

　裁判中の南は、裁判そのものを無視するかのように「知らない」「存ぜぬ」を連発した。天皇と国民に対しては申し訳ないが、無罪であるという信念は曲げなかった。法廷で南が好んで使っていた「聖戦」という言葉の説明を求められたときも、のらりくらりとはぐらかした。「その当時の言葉が一般に『聖戦』と言っておりましたので……そういう言葉を使ったのです。侵略的な、というような戦いではなくして、状況上余儀なき戦争であったと思っておったのでありますと、ついに言質《げんち》を与えなかった。

　武藤は裁判当時、A級戦犯二十八人の中では五十五歳と佐藤に次いで若かった。加えて中将でありながら絞首刑の判決を受けた大きな理由は、日本が外国を「侵略」したとされる時期に、陸軍省の軍務局長というポストに就《つ》いていたことが挙げられる。

　武藤は少将になってまもなく昭和十四年九月、初めて軍務局長になった。以来、その地位は昭和十七年四月まで続いた。序列からいえば軍務局長は陸相、次官に次ぐナンバー3《スリー》だが、上司二人は内閣が代わるたびにほとんどが交替する。現に武藤が軍務局長のとき、内閣は阿部から米内、近衛（第二次、第三次）、東条と代わっている。いや内閣が代わったというより、武藤はそのポストの威力をフルに発揮して阿部、米内内閣の倒閣と、近衛担ぎ出しに実質的に加わった。

　ところで日華事変の発端になった蘆溝橋事件が起きたとき、武藤は大佐で参謀本部作戦課長だった。このとき直属上司の第一部長（作戦）だった石原莞爾少将（のち中将）の戦線不拡大方針に対して、武藤は強硬に拡大論を主張して激しく対立、日本軍を〝泥沼の戦場〟に追いやる端緒を作った一人である。

　その武藤が、今度は軍務局長として日米開戦の舵《かじ》を取ることになるのだ。まず日独伊三国軍事同盟の締結、北部仏印進駐、日ソ中立条約締結、日米交渉の開始、南部仏印進駐、対米英宣戦と日本を敗戦に導く重要な外交上の事件が相次ぐ。この軍部狂奔《きょうほん》時代の渦中にあって、武藤は海軍の岡軍務局長とともにその先頭に立って軍政を推し進め、政党活動と議会を仮死状態に陥らせる役割を演じた。

永野《ながの》修身《おさみ》

海軍大将・軍令部総長

（一八八〇〜一九四七）

海兵28期、海大中退。昭和5年軍令部次長、10年11月ロンドン軍縮会議全権、11年3月広田内閣海相、12年2月連合艦隊司令長官、16年4月軍令部総長。

永野は日米開戦時の軍令部総長で、海軍強硬論者の代表者であった。日米開戦直前の言動を見ると、その対米強硬者ぶりがのぞける。「戦わざれば亡国、戦うもまた亡国かも知れぬ」「もはやディスカッションなすべき時にあらず。早くやってもらいたいものだ」「三年後にやるより今やるほうがやりやすいといえる……戦機はあとに来ぬ」などなど。しかし永野は決して勝算については言質《げんち》を与えなかった。自信がなかったからである。

海軍兵学校を二番で卒業した永野の経歴は、その席次を裏切らない輝かしいものである。大正九年に駐米大使館付武官になり、ワシントン軍縮会議では随員として海相加藤友三郎大将を扶《たす》けて活躍。大正十三年に少将に昇進。さらに第一遣外艦隊司令官などを経て昭和三年に中将に進み、翌年海軍兵学校長になる。

昭和五年、時の軍令部長加藤寛治大将と次長の末次信正中将が第一次ロンドン軍縮会議を不満として辞職するや、谷口尚真《なおみ》軍令部長の下に次長に就任した。昭和七年のジュネーブ、十年の第二次ロンドン軍縮会議の全権となり、ロンドン会議では脱退を通告した。

そして昭和十一年に広田内閣の海相に就任、翌年には連合艦隊司令長官も経験して、十六年四月には軍令部総長になり、十九年二月までその職にあった。六尺（百八十センチ）豊かの偉丈夫で、磊落《らいらく》かつ緻密《ちみつ》、部内では「グッタリ大将」などと陰口をたたかれていた。陸軍の杉山元《はじめ》参謀総長が「グズ元」と言われていたのと好対照ではあった。実務は次長以下に任せるか、戦死者の墓碑銘を書くのが日課という日が多かった。

岡《おか》　敬純《たかずみ》

海軍中将・軍務局長

（一八九〇〜一九七三）

海兵39期、海大卒。昭和7年ジュネーブ軍縮会議随員、15年10月海軍省軍務局長、19年7月海軍次官、19年9月鎮海警備府長官。

岡は昭和十五年十月、及川海相の下で軍務局長になり、日米開戦を迎えて十九年七月に海軍次官になるまで三年十カ月間もその職にあった。陸軍省の武藤章中将（陸軍省軍務局長）と同じ立場にあった。立場上、開戦準備の立案者であることに変わりはないが、武藤のように積極的にリーダーシップを発揮したわけではない。ただ軍務局長になるまでの三年間も軍務局第一課長、軍令部第三部長（情報）だったから、日華事変以来軍政の中枢にいたことになり、岡が対米英戦争で演じた役割は小さくはない。

軍務局長就任後、岡は「陸軍が政策を掲げて海軍に圧力をかけてくる。海軍はそれまで、それに対応できなかった。どうしてもここで、陸軍に対応する政策担当者を作らねばならぬ。さもなくば、日本がどちらに持っていかれるかわからぬ」と言って、国防政策を担当する軍務局第二課を新設した。しかし、このとき岡が課長に据えたのは開戦推進派の石川信吾大佐で、岡が日米開戦を断固避けるべきだという考えを持っていたとは思えない。

「岡自身は開戦主義者というよりは、むしろ反対の意見を持っていたが、終始、東条勢力に引きずられた」と評している者もいた。その性格の弱さは、どちらかといえば軍人としてはひ弱な体格のために、第一線に出る機会が少なく、中央部にのみとどまって昇進を果たしてきたためではないかとも言われている。

海軍大学校では恩賜《おんし》組だが秀才型ではなく、温厚素朴な人柄である。東京裁判における個人での判決では、岡に対する「判定文」がもっとも短かった。

大川《おおかわ》周明《しゅうめい》

国家主義者

（一八八六～一九五七）

東大哲学科卒。満鉄に入り昭和4年東亜経済調査会理事長、猶存社、行地社、神武会などを組織、5・15事件で幇助罪に問われた。

大島《おおしま》 浩《ひろし》

陸軍中将・駐独大使

（一八八六～一九七五）

陸士18期、陸大卒。昭和9年駐独大使館付武官、13年10月～14年12月駐独大使、15年12月～20年12月再度駐独大使。

明治四十四年に東大文学部哲学科を卒業。インド哲学を研究しているうちに、インドの現状から近世植民政策に興味をもち、次第に被圧迫民族解放の信念を抱くようになった。この植民政策の研究によって三十二歳の大正七年（一九一八）、満鉄に招かれ、翌年東亜経済調査局編集課長に抜擢された。

十四年に「特許植民会社制度研究」という論文で法学博士の学位を得る。その後、調査局では調査課長、主事、局長と昇進し、昭和四年に同局が満鉄から独立すると同時に理事長となった。

一方、編集課長になった年に、自ら抱く日本主義を推進するために北一輝、満川亀太郎らと猶存社を結成、国家改造をめざした。しかし、北たちと対立して大正十二年に解散し、新たに行地社を興して政党、財閥、特権階級を打倒して国政改革をはかるための同志獲得に乗り出した。

この運動は、現状に不満を持つ陸海軍青年将校、教育者たちの共鳴を得て勢力を増し、右翼の主流をなすにいたった。特に橋本欣五郎をリーダーとする青年将校の集まりの桜会との結びつきを強め、三月事件では指導的役割を果たし、十月事件ではクーデター後の大蔵大臣に擬せられるほどであった。そして翌七年二月には行地社を改組して神武会を設立、日本精神と大アジア主義を唱えた。

五・一五事件では、海軍将校たちに資金やピストルを渡して禁固四年の刑が確定したが、昭和十二年に恩赦で仮出所した。その後は近衛文麿などのブレーンの一人として影響力を発揮し、戦時中は汎アジア主義を鼓吹《こすい》する著述活動をしていた。

大島は昭和十三年（一九三八）三月に陸軍中将に昇進し、この年十月に予備役になって駐独大使となった。

陸大卒後の大島の経歴を見ると、その過半を駐在武官として過ごしている。本来が砲兵将校である大島は、大正十三年に帰国、砲兵大佐に昇進し、野砲第十連隊長に就《つ》いた。そして九年三月に駐独大使館付武官として渡独、日独防共協定、日独伊防共協定の締結を強力に推進した。

さらに武官から大使に出世した大島は、陸軍の威勢とヒトラーとの信頼関係をバックに、日独伊三国同盟の締結を強力に主張して時の政府を悩ませた。そうした最中の十四年八月二十三日、独ソ不可侵条約が締結されて大島の努力は愚弄《ぐろう》された格好となり、この年十二月、大使を更迭されて帰国した。

しかし大島は、帰国後も松岡外相が進める日独伊三国同盟交渉をバックアップする形で全国を講演行脚《あんぎゃ》し、日独伊結合の必要性を声高に叫び回った。そして三国同盟締結後の十五年十二月、再び駐独大使となって、敗戦後の昭和二十年十二月までその職にあった。

大島が戦犯として問われた最大の理由は、この三国同盟締結問題だったが、彼は法廷では一貫して三国同盟を自ら主張したとは証言しなかった。釈放後もいっさい黙して語らず、著作も講演も断る生活を続けた。現代史研究家の高橋正衛氏には「私が語り、書いて大島個人の主観で歴史家を誤らせるという三国同盟に次いでまた国民に罪を犯したくない」と語ったことがあるという。

佐《さ》藤《とう》賢《けん》了《りょう》

陸軍中将・軍務局長

（一八九五〜一九七五）

陸士29期、陸大卒。昭和16年2月〜17年4月陸軍省軍務局軍務課長、17年4月〜19年12月軍務局長。

A級戦犯容疑で逮捕されたとき佐藤は五十二歳、中将になったのも昭和二十年（一九四五）三月で、A級戦犯の中では一番若かった。その佐藤は回顧録にいう。

「この事件を世間では大きく取り扱いすぎる感があった。まるで陸軍が議会を圧迫し、その勢力を衰退させたかのようにいったのである。実にばかげたことである。一説明員の一喝で衰退するような議会なら、放っておいても潰れるであろう。それればかりでなく、開戦当時、一課長にすぎなかった私が、大臣たちと並んでA級戦犯の仲間入りする光栄（？）に浴したのもこの事件のお陰のようだ」（『大東亜戦争回顧録』）

その事件とは昭和十三年（一九三八）三月三日、佐藤が衆議院の国家総動員法委員会で法案の趣旨説明をしているとき、うるさい議員の抗議に対して「黙れ！」と怒鳴った事件のことである。当時、佐藤は軍務局課員（軍務課国内班長）で中佐だった。その一中佐が、衆議院で天下の代議士たちを一喝したということは、世論を無視する軍部の暴圧的態度を象徴する事件として世間に知れ渡った。

黙れ事件のあと、佐藤は大佐に進級して陸軍省の新聞班長兼大本営報道部長になった。このときの直属上司も陸軍次官の東条だった。

そして東条が陸相になるや、佐藤は十六年二月に軍務課長になって日米開戦を迎え、少将に昇進したあとの十七年四月には東条首相（陸相兼務）の下で軍務局長に座り、十九年十二月に支那派遣軍参謀副長に転出するまで、文字通り東条軍政の中枢にあって戦争遂行の舵を取った。

重《しげ》光《みつ》葵《まもる》

外相

（一八八七〜一九五七）

東大独法科卒。昭和8年外務次官、その後駐ソ、駐英、駐華大使を歴任、18年4月以降東条内閣、小磯内閣、東久邇宮内閣の各外相。

重光が外交官として国民的注目を浴びたのは、昭和七年だった。満州事変が世界の焦点になっていたとき駐華公使に抜擢され、第一次上海事変の停戦協定の調印をすることになった。この停戦協定調印式を前にした七年四月二十九日、重光が上海市内の公園で催された天長節（昭和天皇の誕生日）祝賀式の壇上に、日本軍司令官たちとともに並んでいたとき、韓国の独立運動家が爆弾を投げつけた。多くの死傷者が出て、重光も左脚切断の重傷を負った。しかし重光はベッドの上で調印し、協定を成立させた。

重光は戦前戦後を通じて四度外相を務めている。最初が十八年の東条改造内閣で、東条内閣が不評を呼びはじめていたころである。当時の日本政府は汪《おう》兆《ちょう》銘《めい》の国民政府に、米英に対して宣戦布告をさせることと引き換えに、不平等条約の日華基本条約の撤廃を考えていた。東条首相は、その推進のために駐華大使の重光を外相に据えたといわれている。

二度目は東条内閣に代わって登場した小磯内閣に留任したもので、三度目は日本が降伏した直後の東久邇宮内閣。このときの二十年九月二日、東京湾に浮かんだ米戦艦「ミズーリ」艦上における降伏文書調印式に日本帝国政府代表として署名した。そして四度目が、A級戦犯の刑期が満了したあとの二十九年十二月、鳩山内閣の副総理兼外相だった。ここで日ソ国交回復交渉を成功させ、日本は三十一年十二月に国連に加盟した。その記念式典に代表として出席した重光は「もう思い残すことはない」と言った。

嶋《しま》田《だ》繁《しげ》太《た》郎《ろう》

海軍大将・海相

(一八八三～一九七六)

昭和10年12月軍令部次長、その後第2艦隊、呉鎮守府、支那方面艦隊、横須賀鎮守府の各司令長官を経て16年10月東条内閣海相。

嶋田の海軍兵学校同期生には山本五十六、塩沢幸一、吉田善吾などの海軍大将がずらりといる。これら同期生と嶋田の経歴をくらべても、きわだった差は見られない。ただ嶋田には軍政に携わった経験がなかった。

大臣に就任したのは日米開戦直前の昭和十六年十月だったが、その一カ月前の九月に支那方面艦隊司令長官から横須賀鎮守府司令長官に就任したばかりだった。そのため、どういう経緯で日米開戦に至ったのか、事情がよくわからなかったらしい。海相就任の打診があったとき、最初「任にあらず」と辞退したが、寵愛《ちょうあい》されていた海軍元帥の伏見宮の勧告もあって断りきれなかった。

事実、嶋田は大臣になってから初めて「日米開戦の決意」を決定した御前会議のことを知った。そして伏見宮から「速やかに開戦せざれば戦機を逸す」という言葉を聞くと、三日後の十月三十日に海軍省の幹部たちを呼んで「この際戦争の決意をなす」と、いともあっさりと日米開戦を伝えた。

二週間前まで何も知らなかった人が、先輩の米内大将や同期の山本五十六連合艦隊司令長官など海軍首脳たちが体を張って主張してきた日米避戦論を無視する形で、陸軍の主張する戦争を決意したのだ。

以後、嶋田は「東条の副官」などと揶揄《やゆ》されるほど東条首相に協力する。そして東条が軍政と統帥《とうすい》の一元化をはかろうとして十九年二月に参謀総長も兼務するや、嶋田も請われるままに軍令部総長を兼任した。しかし、この年八月、サイパン島失陥によって東条内閣は瓦解、嶋田も辞任して予備役となった。

白《しら》鳥《とり》敏《とし》夫《お》

駐イタリア大使

(一八八七～一九四九)

東大卒。昭和4年外務省情報部第2課長、のち同部長、8年駐スウェーデン公使、13年駐イタリア大使、15年外務省顧問。

松岡洋右、大島浩と並ぶ〝枢軸《すうじく》男〟の白鳥は、外務省の長老石井菊次郎の甥にあたり、英語は省内きっての使い手であった。早くから軍部や大川周明などの革新陣営と関係を持ち、対米英強硬外交の主唱者であった。

満州事変当時、外務省の情報部長だった白鳥は、いわゆる革新官僚のリーダーだった。そして満州事変をきっかけに起こった国際連盟の非難に対抗するため、自ら強硬外交の宣伝役をつとめ、軍部とタイアップして連盟脱退への世論誘導に奔走した。以来、皇道精神、アジアモンロー主義を提唱して「型破り」と内外に謳われたが、結局、そのためにスウェーデン公使に追われる形になった。しかし、ここでも駐独陸軍武官だった大島浩と組んで日独防共協定成立に努める。

昭和十三年(一九三八)にイタリア大使になった白鳥は、大島ドイツ大使と組んで日独伊三国軍事同盟の締結交渉を強力に推進した。このときは土壇場になって独ソ不可侵条約が成立したために同盟締結はお流れとなり、白鳥は駐伊大使を更迭されて待命となった。

ところが十五年に松岡洋右が外相に就任するや、外務省顧問という肩書きを得て、再び日独伊三国同盟の締結に邁進し、ついに成就させることに成功したのだった。

昭和十七年の総選挙に千葉県から推薦候補として立候補、当選して衆議院議員となる。翼賛政治会理事、盟邦同志会会長などを務めた。

そして東京裁判で終身禁固刑を言い渡されて服役中の昭和二十四年(一九四九)三月、病死した。

鈴木《すずき》貞一《ていいち》

陸軍中将・企画院総裁

（一八八八～一九八九）

陸士22期、陸大卒。第3軍参謀長のあと、興亜院政務部長、同総務長官心得などを経て予備役に。昭和16年4月第二次近衛内閣国務相兼企画院総裁、18年10月貴族院議員。

鈴木は「背広を着た軍人」といわれたように、実戦部隊の経験よりも官僚的仕事が多かった。昭和十六年四月、陸軍中将で予備役になった鈴木は、第二次近衛内閣に国務大臣兼企画院総裁として入閣した。以来、東条内閣でも留任し、十八年十月まで国務大臣兼企画院総裁を務めた。鈴木の能力が発揮されるのはこの企画院総裁時代で、いわゆる革新官僚を擁して機略縦横、国防国家体制の確立と戦力増強計画の中心人物となった。

鈴木が太平洋戦争で果たした最大の役割は、日米開戦直前の十六年十月、十一月、十二月の御前会議で、日本の経済力と軍事力の数量的分析結果を報告したことであろう。そこで鈴木は、石油の輸入が停止されてしまった以上、三年後には供給不能となり、産業も衰退し、軍事行動もとれなくなり、中国はもとより満州、朝鮮も失うことになるだろうということを強調した。だから開戦して南方資源地帯の占領の必要性を説明した。

企画院総裁を辞任した鈴木は貴族院議員に選ばれ、小磯内閣の顧問として行政査察使となり、十九年九月から終戦までは大日本産業報国会会長に就任して、軍需生産の強化に努めていた。

鈴木は昭和三十年九月に他のA級戦犯などとともに仮釈放され、三十三年四月に赦免《しゃめん》となった。そして岸内閣成立直後の三十四年に自民党から参議院議員選挙への出馬要請があったが、「もう私の時代は終わった」と断った。鈴木は平成元年七月十五日、百歳で永眠、波瀾の生涯に幕を下ろした。A級戦犯としては最後の生き残りだった。

東郷《とうごう》茂徳《しげのり》

外相

（一八八二～一九五〇）

東大独文科卒。昭和12年駐ドイツ大使、13年駐ソ大使、16年10月～17年9月東条内閣の外相、20年4月～8月鈴木内閣外相。

東郷は東大の独文科に入学したが、途中で畑違いの外交官を志し、三十一歳のとき受けた五回目の外交官試験で合格した。このねばり強さが外交官・東郷の特徴でもあった。

駐ソ大使時代はモロトフ外相と折衝してノモンハン停戦協定を成立させ、また日ソ不可侵条約を締結して米ソ接近を牽制《けんせい》しようとして交渉を進めるなどした。そして十六年十月、東条内閣の誕生で外相に就任し、外交官としては最高位に昇りつめた。

しかし昭和十七年九月、東郷は大東亜省の設置に反対して外相を辞任、貴族院議員に勅撰されたほかは何の役職にも就《つ》かず、軽井沢の別荘で暮らしていた。そしてサイパン失陥を知り、日本の形勢挽回不可能なことを悟り、世界の敗戦史を研究した。東郷が戦犯の獄中で書いた『時代の一面』によれば「日本の天皇制は如何なる場合にも擁護しなくてはならない。敗戦より受ける刑罰は致し方ないがその程度が問題である。致命的条件を課せられないことが必要であり、従って国力が全然消耗されない間に終戦を必要と考えた」

その東郷に再び外相就任の話が来た。

「戦争の見透しはあなたの考え通りで結構であるし、外交は凡《すべ》てあなたの考えで動かしてほしいとの話であった」（前出書）ので、鈴木貫太郎内閣へ入閣した。そして間もなくポツダム宣言に接する。敗戦史を研究してきた東郷は、これは「無条件降伏にあらず」と判断、戦争継続を主張する軍部大臣たちを向こうに回して、鈴木首相に協力して終戦に導いた。かくして東郷は、開戦時の外相であるとともに、終戦時の外相ともなったのである。

東条《とうじょう》 英機《ひでき》

陸軍大将、陸相・首相

（一八八四～一九四八）

陸士17期、陸大卒。昭和10年関東憲兵隊司令官、12年関東軍参謀長、13年5月陸軍次官、15年7月陸相、16年10月首相・陸相・参謀総長。

東条は昭和十七年に大将に昇りつめたが、この間、歩兵第一連隊長、軍事調査部長、陸士幹事を歴任、久留米の歩兵第二十四旅団長に転じたが、関東軍の板垣参謀長に懇望されて関東憲兵隊司令官として渡満する。東条の軍政はしばしば「暗黒憲兵政治」と評されたが、その素地はこの関東憲兵隊司令官時代に築き上げられたといわれている。

　意外に小心な性格は憲兵隊司令官に適していたのか、東条は存分に腕をふるい、その存在感を強くした。これが買われて関東軍参謀長となり、昭和十三年に第一次近衛内閣で板垣征四郎が陸相になるや陸軍次官に就任、中央に帰った。この次官時代、俊敏な頭脳の東条は〝カミソリ次官〟といわれた。

　次官職を難なくこなした東条は、第二次近衛内閣の陸相として初入閣した。そして翌十六年十月に近衛が内閣を投げだすや、異例の現役軍人のままで首相兼陸相・内相に親任され、同時に同期のトップをきって大将に昇進した。そして参謀総長をも兼ねるにいたり、独裁的に大東亜戦争（太平洋戦争）を指導した。しかし昭和十九年七月、それまで「絶対に防衛できる」と公言していた信託統治領のマリアナが陥落して本土防衛が危うくなるや、内閣を総辞職した。

　陸大を卒業してドイツに駐在した東条はドイツの統制経済に心酔して帰り、永田鉄山少将などとともに陸軍統制派の巨頭として皇道派の将校と血の派閥抗争を続けた。同志の永田少将は皇道派の相沢三郎中佐に殺害されたが、東条は憲兵政治を駆使しながら陸軍部内に強固な東条閥を作り上げた。

梅津《うめづ》美治郎《よしじろう》

陸軍大将

（一八八二～一九四九）

陸士15期、陸大卒。昭和9年支那駐屯軍司令官、11年陸軍次官、14年9月～17年10月関東軍司令官、19年7月参謀総長。

陸軍士官学校第十五期をトップで卒業した梅津は学究肌の軍人といわれ、政治の表面に出るのを極力避けていたという。その梅津は、生涯で二回、大事件を体験している。

　歴史に残るもっとも有名な事件は、梅津が支那駐屯軍司令官のときに結んだ「梅津・何応欽《かおうきん》協定」（昭和十年六月）である。ささいな事件を口実に、河北省からすべての国民党勢力を駆逐したこの協定は、ノモンハン事件直後から五年間にわたった関東軍司令官という経歴とともに、東京裁判ではもっとも重要視された。

　もう一つは、敗戦直後の昭和二十年九月二日に、東京湾の米戦艦「ミズーリ」号上で行われた連合国と日本の降伏文書調印式で、大本営を代表して署名したことである。当時、梅津は参謀総長だったから、役柄としては相応しいが、最初はこの不名誉な仕事を拒否した。そこで昭和天皇がじきじきに説得したため、やむを得ず引き受けたという。調印にあたり、持っていった自分の万年筆の調子が悪く、副官のものを借りて署名したといわれる。

　梅津・何応欽協定締結後、第二師団長に転じたが、十一年三月、寺内寿一陸相の下に次官に就任、二・二六事件後の粛軍に努力した。そして陸相は寺内大将から杉山元《はじめ》大将に代わったが、梅津次官はそのままとどまり、日華事変初期の難局を乗り切った。

　東京裁判で終身禁固刑の判決を受けた梅津は巣鴨プリズンに服役していたが、すでに公判中から進行していた直腸ガンがますます悪化し、昭和二十四年一月八日に息を引き取った。梅津は日記も手記も残さなかった。

第4章 開廷の攻防

裁判官を立ち往生させる清瀬動議

東京裁判の開廷

昭和二十一年五月三日、金曜日のこの日、いよいよ世紀のドラマ、東京裁判（極東国際軍事裁判）が開廷された。

法廷に充《あ》てられたのは東京・市ヶ谷台にあった旧陸軍士官学校の大講堂だった。戦時中は陸軍省や参謀本部として使われた建物で、現在の防衛庁新庁舎が建っている場所にあった。米軍は日本進駐と同時に、この陸軍士官学校の建物を国際軍事裁判の法廷として使うため、一月末から突貫工事で大改修工事を行った。工事を請け負ったのは、この建物を建築した鴻池組だった。

工事は三月末にはほぼ完成し、戦時中はカーキ色の迷彩を施していた外装も真っ白に塗り替えられ、三階建ての堂々たる白亜の殿堂に様変わりしていた。正門の傍らと建物の正面玄関前の築山には「INTERNATIONAL MILITARY TRIBUNAL FAR EAST」（極東国際軍事裁判所）と書かれた表示板が立てられた。

初日の開廷時間は午前十時三十分だったが、傍聴人席の入り口には十時前からかなりの列ができていた。入廷に際して傍聴人にはA5判ほどの用紙に印刷された「極東国際軍事裁判所法廷図解」が渡された。表の法廷概略図には裁判官、検事、弁護人、被告などの位置が番号入りでわかりやすく記され、裏には全裁判官と被告名が書かれ、「法廷デハ絶対ニ喫煙セヌコト」などと八項目の「注意」も書かれていた。

開廷三十分前の午前十時には、傍聴人席も来賓席も満員になっていた。その来賓席には、開廷直前に米第八軍司令官アイケルバーガー中将と対日理事会中国代表の朱世明中将が姿を見せ、対日理事会議長のアチソン米公使の姿もあった。

開廷時間の午前十時三十分、清瀬一郎弁護人をはじめとする弁護団が入廷してきた。しかし、検察官の入廷はない。被告のうちタイ

「世紀の裁判」の開廷を迎えて、緊張に包まれている旧陸軍士官学校の白亜の殿堂。

▲裁判開始日の5月3日、巣鴨プリズンから護送バスで市ヶ谷台の法廷に向かう被告たち。前列左から梅津、荒木、佐藤。2列目左から東条、岡、白鳥。3列目には木戸、賀屋など各被告の顔が見える。

▼開廷初日の入場を待つ傍聴人たち。手前の行列は一般傍聴人の日本人で、被告の家族と思われる和服姿の女性や若い女性の姿も見える。上方の行列は1種軍装で身を整えた特別傍聴人の米軍人たち。

のバンコクから飛行機で送致される板垣征四郎、木村兵太郎両大将がまだ到着していないためかもしれない。

十一時十四分、キーナン首席検事が連合国検事団を従えて入廷してきた。そして検事団が着席するのとほぼ同時に、傍聴人席から見て右手奥の大きなドアが開いて、MPに先導されて二十六名の被告たち（板垣、木村は未到着）が入ってきた。被告席は弁護人席の後ろの一段高くなったところで、二段二列になっており、二本の通路をはさんで六つのブロックに分けられていた（59頁図参照）。そして各

▲護送バスを降りて法廷玄関に入る被告たち。
左側の一番前に見えるのは前外相の重光被告。

▼極東国際軍事裁判所の傍聴券。一般日本人用は外務省で渡されていた。開廷当初の傍聴人席はつねに満員で、国民の関心の強さを表していた。

INTERNATIONAL MILITARY TRIBUNAL
FAR EAST
SPECTATORS PASS
GOOD FOR ONE JUDGMENT SESSION
WAR MINISTRY BUILDING
A 1 M

►控え室で開廷を待つ被告たち。右から東条、佐藤、大川(下駄履き)、白鳥被告らが見える。

被告の席は最後まで変わらなかった。東条元首相の後ろには、水色のパジャマに下駄履きという異様な姿の大川周明が座った。

十一時十七分、ちょび髭を生やし、米陸軍の制服に身をつつんだ長身の男が現れ、法廷執行官の席に立った。審理の進行役を務めるバンミーター大尉である。

「ビー・サイレント(静かに)」

大尉はそういうと、傍聴人に渡してある法廷図解の注意事項を説明した。そして全員に起立を命じた。注意事項には「裁判官入廷ノトキハ起立シ、静粛ヲ保ツコト」とある。二階のニュース・カメラ席のアイモがジージーと回りだした。

オランダ代表のレーリンク判事を先頭に八名の判事が入ってきた。軍服姿のソ連のザリヤノフ判事を除き、全員が黒い法服をまとっていた。八名はそれぞれ決められてある自分の席の後ろに立ち、最後に入ってきたウェッブ裁判長の着席に合わせて座った。インド代表のパル判事と、フィリピン代表のジャラニラ判事は、まだ来日していなかった。

「全員着席」

法廷執行官バンミーター大尉は全員の着席を見届けると、よく通る声で開廷を宣言した。続いてウェッブ裁判長が、マイクに顔を突き出すようにして開廷の辞を述べた。

朝日新聞法廷記者団がまとめた『東京裁判』

開廷初日の法廷に入る被告たち。左が大島被告、次が松井被告(写真右)。被告席は決められていて、東条英機大将の後ろの席は大川周明の席だった(写真上)。大川の後ろに立っているのが、やさしく被告たちを扱い、なにくれと便宜を図ってくれたという法廷憲兵隊長ケンワージ中佐。

によれば、ウェッブは次のようなことを話している。

「本日ここに集合するに先だち、当裁判所の各判事は法により、なにものをも恐れず、公正、かつ外より影響されることなく裁きをくだすことを誓った共同宣誓書に署名した。われわれは、責任がいかに重大であるかを十分認識している。

今回起訴された当法廷に出頭している各被告は、過去十余年の間、日本の国運隆々としていた当時、指導的立場をしめていたものばかり、元首相、外相、蔵相、参謀総長その他の日本政府部内の最高の地位にあった人々がふくまれている。起訴されている罪状は世界平和に対し、戦争法規に対し、人道に対し、あるいはこれらの罪を犯すべく陰謀したことに対する罪などである……」

ウェッブ裁判長はベテラン判事らしく、一見淡々と、そして冷静に話しているように聞こえたが、この開会の辞の中で「被告たちはかつて、いかに重要な地位にあったにしても、それがために受ける待遇は、もっとも貧しい一日本兵、あるいは一朝鮮人番兵よりも良い待遇を受ける理由は見あたらない」と、きわめて毒気のある言葉も吐き、早くも反日的個人感情をチラチラさせてきた。

ウェッブ裁判長の評判悪い開会の辞が終わると、キーナン首席検事が立って、各国の代

法廷内の関係者は全員起立して起訴状朗読を聞く。1列から3列目までは弁護人、4列·5列目が被告たち。下の写真は開会の辞で、被告たちの人格を損ねるような下品な言辞を交えるウェッブ裁判長。

表検事を裁判官に紹介して、午前の法廷は休憩に入った。

東条大将の頭をたたく大川周明

法廷は午後二時半に再開された。バンコクから海軍の厚木飛行場に到着したばかりの板垣、木村両大将も被告席に座り、二十八名の全被告が顔をそろえた。

午後の法廷は起訴状の朗読ではじまった。長文の起訴状は、初めは法廷執行官のバンミーター大尉が読み、のちにシャッキ・デル法廷書記が交代した。そして初日のこの日は訴因第四十七の漢口事件までで、残りは翌日に持ち越された。午後四時四十分、世界注視の東京裁判の初日は終了した。

裁判官席に並ぶ9人の判事たち。インド代表とフィリピン代表判事はまだ来日していない。5月6日。

ところでこの日、法廷では意外な〝事件〟が人々の笑いを誘った。実は午前の開廷早々、法廷関係者や傍聴人の視線はしばしば大川周明被告に奪われていた。まず最初はパジャマに下駄履きという、その異様ないでたちであり、次は落ち着きのない動作だった。

被告席に着席するとまもなく、大川は頭をかき、うつむき、ときには長いこと両手を合わせて合掌し、ついには長い棒のような鼻水を垂らしたまま拭《ふ》こうともしない。

午後は黒い詰め襟の上着を着て出廷したが、まもなく脱いでしまい、おまけにパジャマのボタンをはずして胸や腹をはだける始末。たまりかねたウェッブ裁判長は、バンミーター大尉を通して法廷憲兵隊長のオーブレー・ケンワージ中佐に連絡し、大川の監視を命じた。中佐は大川の真後ろに立ってはずしたボタンをかけ直してやったりしたが、大川の奇行はいっこうに止まなかった。

それどころか、バンミーター大尉の起訴状朗読が行われている最中、大川はいきなり手を伸ばし、前に座っている東条のつるつる頭をピシャンとたたいた。東条は軽い苦笑いを浮かべただけであったが、大川は白い歯を見せて不気味な笑みを漏らし、やがて口を開けて高笑いをした。MP隊長のケンワージ中佐が肩を軽くたたいてあやすようになだめるが、大川の挙動はおさまらない。

いきなり東条大将の頭をピシャリとやり、場内を爆笑の渦につつんだ大川周明の肩に手を置いて静めるケンワージ憲兵隊長。

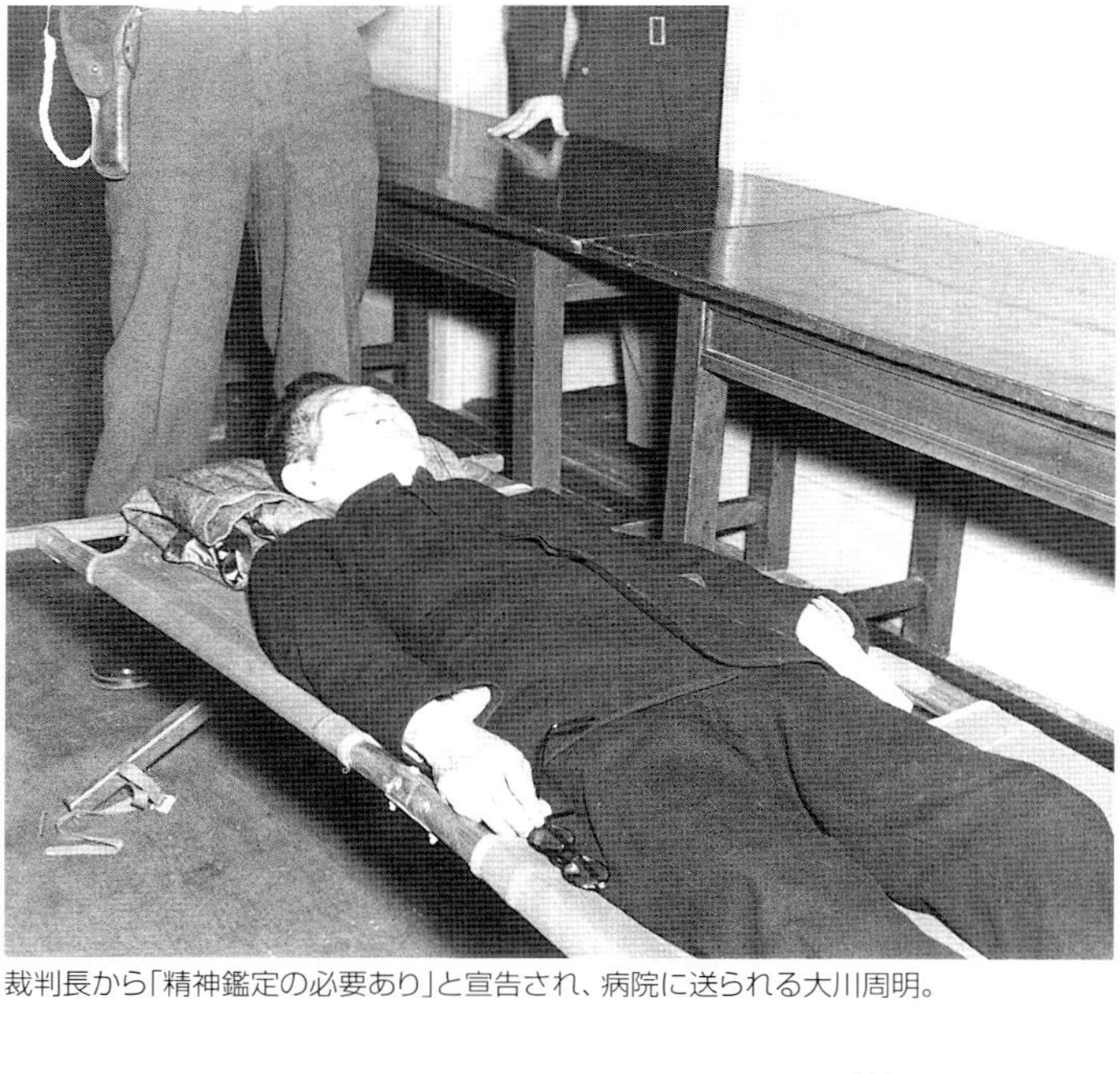

裁判長から「精神鑑定の必要あり」と宣告され、病院に送られる大川周明。

カメラマンたちは大川を撮《と》ろうと、東条の席の真下にまで来てさかんにシャッターを切りはじめた。そのとき大川の手が伸びた。東条大将の頭をまたたたいたのだ。このとき第二復員省（旧海軍省）の記録係として傍聴人席にいた冨士信夫氏（元海軍少佐）は「ピシャリ」という音がしたといい、記者席にいた朝日新聞の記者は「水をたたいたような音がした」と書いている。午後三時半過ぎのことだった。

法廷にワッと爆笑と喚声が同時に起こった。憲兵隊長が大川の両肩を押さえた。カメラのフラッシュが光り、アイモが回る。業を煮やしたのか、ウェッブ裁判長は十五分間の休憩を宣言した。そして判事団が退廷しようと席を立ったとき、大川が奇声をあげた。いや、近くにいた人たちの証言によれば、英語とドイツ語と日本語のチャンポンで「喜劇だ！」とか「お前ら早く出て行け！」などと喚いたのだという。

法廷は午後三時五十分に再開され、起訴状の朗読が続けられたが、大川は被告席の列外におかれ、ケンワージ隊長が始終彼の肩を押さえていた。大川は翌四日、開会冒頭に裁判長から精神鑑定の必要ありと宣告され、米陸軍病院に送られた。かつては「大東亜の論客」「革新青年将校たちの理論的支柱」などといわれて、五・一五事件や二・二六事件の理論的指導者として世を震撼させた〝右翼の大物〟は、こうして世紀の舞台から姿を消すことになる。

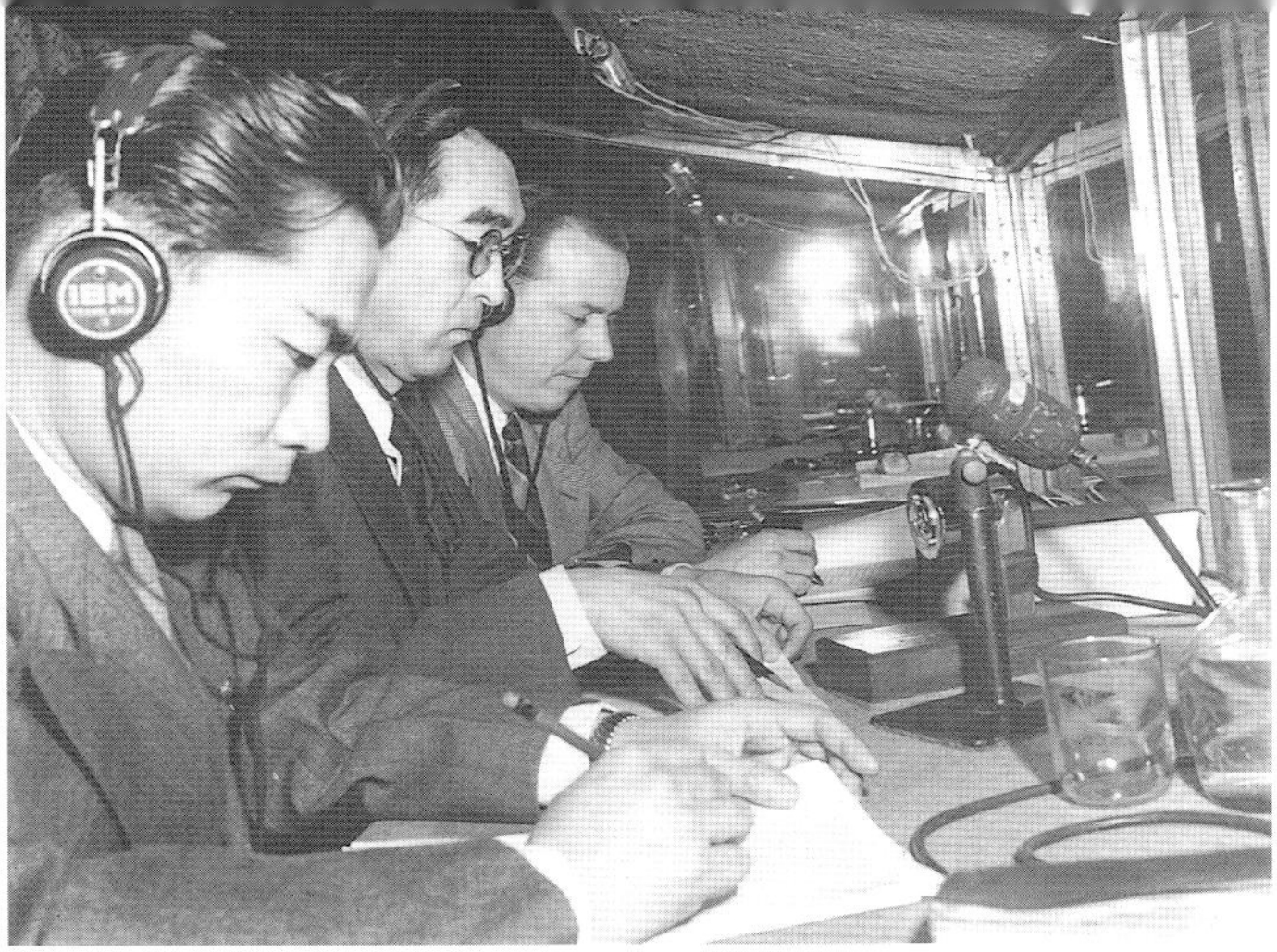

法廷言語は英語と日本語に限定されており、日米の同時通訳者たちの苦労は大変なものだった。

清瀬一郎弁護人の反論

起訴状の朗読は翌四日も続けられた。その内容は、すでに四月末に被告たちにも渡されているものと同じで、全五十五項目からなっており、個人の容疑もそれぞれ記されていたから、法廷の被告たちは起訴状のコピーを見ながら、ヘッドホーンから流れる通訳の声を聞いていればよかった。

朗読は一時間あまりで終わり、この日は閉廷された。翌五日は日曜で休みになり、次回は六日と告げられた。

その六日はアレインメント＝被告の罪状認否が行われることになっていた。アレインメントとは一種の儀式で、被告は裁判長から起訴状の罪状の認否を問われるのだが、たいていは「無罪！」と主張するのが習わしになってい

東京裁判法廷略図

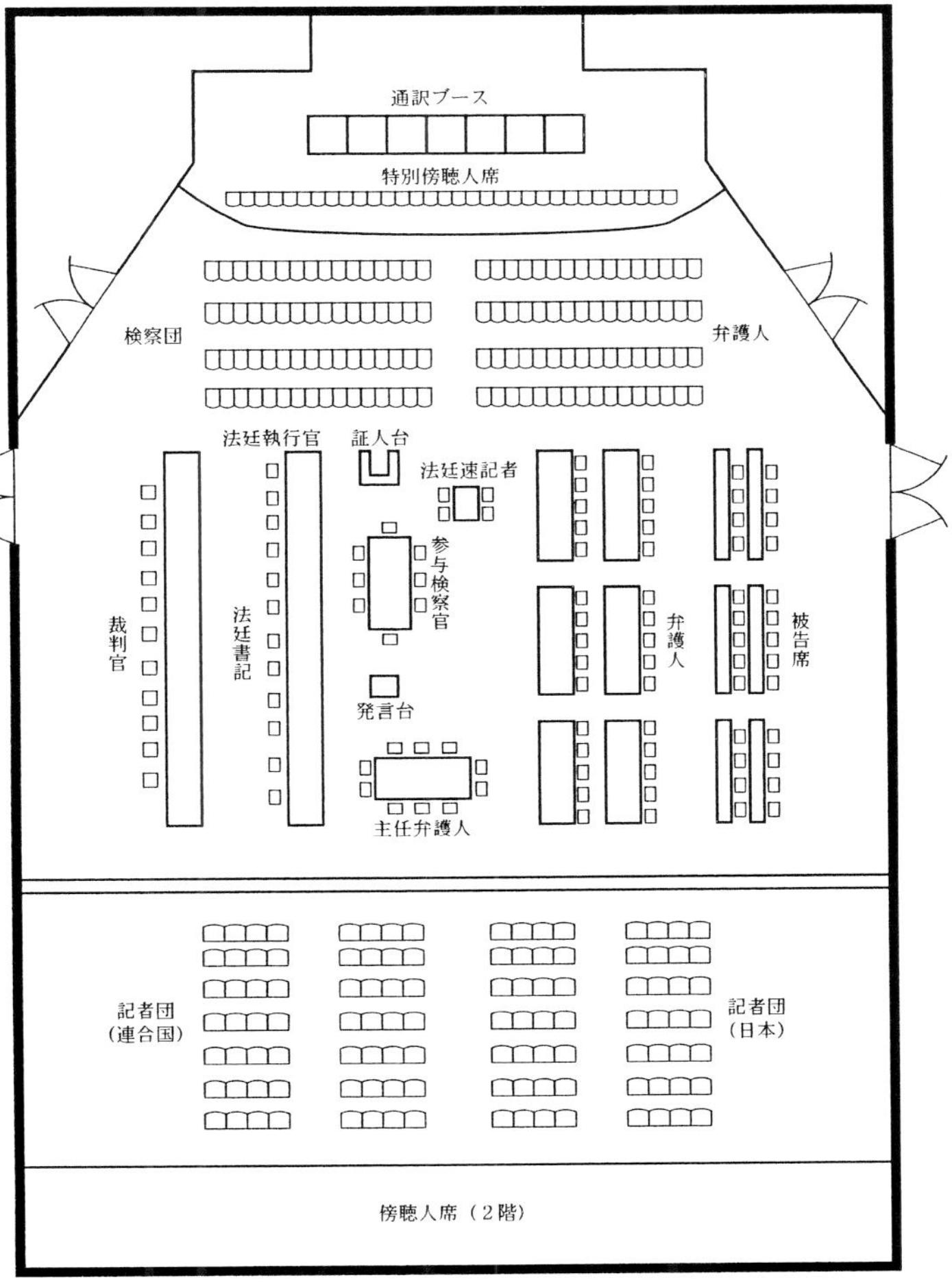

裁判官忌避の緊急動議を提出し、キーナン首席検事と激しくやりあう清瀬一郎弁護人(右)。

る。

ところが、ウェッブ裁判長が罪状認否に入ろうとしたとき、よれよれの背広に軍靴を履いた日本人弁護団の清瀬一郎副団長が、裁判官個々人を忌避する緊急動議を提出した。不審気な表情を見せたウェッブ裁判長は、清瀬に聞いた。

「あなたはそれぞれの裁判官の忌避を申し立てるのですか」

清瀬は「そうです」と答え、「それではウェッブ閣下に対する忌避の理由から述べます」といって、申し立てをはじめた。清瀬の主張の中心は、ウェッブ卿はニューギニアにおける日本軍の不法行為について調査し、オーストラリア政府に報告している。その報告には日本軍の「アトロシティ(残虐行為)」や「マーダー(殺人)」もある。こうした報告書を認《したた》めている人が、ニューギニアの問題も含まれている本件の審理をする法廷の裁判長としては不適当であるというのだった。

清瀬弁護人に急所を衝《つ》かれたウェッブ裁判長は、顔面蒼白になり、強引に休憩を宣言して対策を練るために引っ込んでしまった。そして再開した法廷で「忌避動議却下」を言い渡し、予定の罪状認否に入ってしまった。罪状認否はわずか九分間で終わり、ウェッブ裁判長は次回の審理を五月十三日に行うと告げて休廷した。

その第三回の五月十三日、清瀬一郎は裁判所の管轄権をめぐって再び激しい論戦を展開した。すなわち、この法廷には「平和に対する罪」や「人道に対する罪」で被告たちを裁く権限はないというのだ。清瀬はこの日の動議説明の中で、次のようなことを言っている。

「当裁判所の管轄に関する動議につき説明をいたします。

その第一は、当裁判所においては平和に対する罪、また人道に対する罪につきお裁きになる権限はないということであります。いうまでもなく、当裁判所は連合国が一九四五年七月二十六日、ポツダムにおいて発しました降伏勧告の宣言、その中に連合国の俘虜に対して残虐行為をなしたる者を含むすべての戦争犯罪者に対しては峻厳なる裁判が行われるべし、という条規が根源であります。このポツダム宣言は同年九月二日に東京湾において調印された降伏文書によって確認受諾されたのであります。

それゆえに、ポツダム宣言の条項はわが国を拘束するのみならず、ある意味においては連合国もまたその拘束を受けるのでありまして、すなわちこの裁判所は、ポツダム条項において戦争犯罪人と称する者に対する起訴は受けることができますが、同条項で戦争犯罪人と称されない者の裁判をする権限はないのであります。

本法廷の憲章においては平和に対する罪、人道に対する罪という明文はありますけれども、連合国においてこのような罪に対して起訴する権限がなければ、連合国から権限を委任された最高司令官にも、やはりその権限はないのであります。『自己の有せざる権限を他人に与うることあたわず』という法律上の格言は、国際条約の解釈の上においてもまた同様であります。それゆえ、われわれはここに冷静に、厳格に、ポツダム宣言において戦争犯罪人と称する者の意義、限度を決めてかからなければなりません」

「裁判長、ここが私は非常に大切なことと思います。ドイツとわが国とは、降伏の仕方がちがっている。ドイツは最後まで抵抗してヒトラーも戦死し、ゲーリングも戦列を離れ、ついに崩壊してまったく文字通りの無条件降伏をしました。それゆえに、ドイツの戦争犯罪人に対しては、連合国は、もし極端にいうことを許されるならば、裁判をしないで処罰することまでもなしえたかもわかりませぬ。

わが国においては、まだ連合軍が日本本土に上陸しない間に、ポツダム宣言が発せられた。その第五条には、連合国政府はわれわれ

▲上の写真はニュルンベルク裁判で裁かれるナチスの被告たち。東京裁判の裁判所条例はこのニュルンベルク裁判の条例を参考に作られた。清瀬弁護人はドイツと日本の敗戦の違いを衝くことで、東京裁判の条例の「違法性」を訴えたのだった。

►弁護人と接見するニュルンベルク裁判の大物の一人、ゲーリング。死刑判決を受けたが、処刑の直前、自殺する。

もまたこれを守るであろうという条件で――この条件は連合国軍も守るであろうということで、わが国に対して宣言を発し、わが国はこれを受諾したのであります。それゆえに、ニュルンベルクにおける裁判で、平和に対する罪、人道に対する罪で起訴しているからといって、それをただちに類推して極東裁判に持ってゆくということは、絶対の間違いであります。

わが国においては、今申した来歴でポツダム宣言という一つの条件付、かりに民事法の言葉を借りますれば、一つの申し込み、オッファーのついた条件があるのです。わが国はそれを受諾したのですから、連合国といえどもこれを守らなければならん。連合国におかれては、今回の戦争の目的の一つが国際法の尊重であるということをいわれております。

されば国際公法のうえからみて、戦争犯罪の範囲を超越するというようなことはまさかなかろうと、われわれは固く信じておったのであります。日本国民もそう信じ、その受諾を決しました……」

よれよれの服にドタ靴というそのいでたちとは裏腹に、清瀬の弁論は毅然たるもので、被告たちの中には何度も大きく肯《うなず》く者も少なくなかった。

清瀬は結論づけた。すなわち「平和に対する罪」として当時の政府の要人や外交官を被告にすることには重大な疑義があり、よって

▲荒木被告と武藤被告の間で頭に左手を当てているのは松岡洋右被告。このとき松岡の病状（結核）はかなり悪化していて、間もなく米軍病院に収容され、さらに東大病院に移される。おそらく法廷に姿を見せた最後の写真かもしれない。荒木の左は東郷被告、左端に見えるのは梅津被告。

◀清瀬弁護人が裁判所の管轄権をめぐって論戦を展開した5月13日、休憩時間に憲兵隊長ケンワージ中佐と談笑する東条英機被告。

「訴因第一より第三十六までは、これを調査する必要はなく、本裁判所の権限に属さないものとして排斥されることを求める」と主張した。さらに「人道に対する罪」のなかの訴因第五十三〜五十五の戦争犯罪を除いた部分も疑義があるとし、「殺人の罪」の訴因第三十七〜五十二も戦争犯罪には該当しないから、「証拠調べを要せず、ただちに排斥することを要望いたします」とたたみかけた。

この清瀬の裁判管轄動議に対し、当然のことながらアメリカのキーナン検事やイギリスのコミンズ・カー検事などから反駁《はんばく》があり、アメリカ人のブレイクニー弁護人とファーネス弁護人が清瀬動議を補強する論述を行った。そのなかで弁護人側は「新たに平和に対する罪や、人道に対する罪を本法廷憲章により創定することは、事後法（エキスポスト・ファクト・ロー）の制定となる。事後法で人を処罰することはできない」と主張した。

弁護人側の管轄動議は法廷に強烈なインパクトをもたらし、ウェッブ裁判長をはじめ他の裁判官たちにも、即答できる問題ではなかった。

清瀬はその著『秘録東京裁判』（読売新聞社刊）に書いている。

「公平にみて、これらの論点に関する限り、弁護側に理由がありと思われた。裁判官は一体どうこれをさばくか。希望も持ち、疑惑も持って待っておった。動議提出より五日後なる五月十七日（第七回開廷）の午前に、裁判長は『管轄に関するすべての動議を却下する。その理由は、将来宣明する』として、その場を切りぬけ、事件の進行を図った」

その「将来宣明」は、なんと昭和二十三年十一月四日の判決言い渡しのときまで行われなかった。

戦犯容疑で逮捕寸前だった朝香宮

戦犯容疑で逮捕寸前だった三名の陸軍将官がいる。終戦のとき米軍との折衝役にあたった有末精三中将、終戦直後の首相で降伏調印にあたった東久邇宮稔彦《なるひこ》大将、その兄である朝香宮鳩彦《やすひこ》大将である。

有末中将はGHQ参謀第二部（G2＝情報担当）と密接な関係ができていたので、部長のウィロビー少将などの尽力でリストから外されたといわれる。

東久邇宮は本土防衛の防衛総司令官だったから、日本空襲で撃墜された米軍パイロットの処遇問題の最高責任者としてにらまれていた。だがキーナンは慎重だった。というのは、皇族戦犯第一号として逮捕した梨本宮がどうやら誤認逮捕で、早々に釈放しなければならなくなっていたからだ。物笑いになるのは一度でいい――結局、東久邇宮の逮捕はなかった。

だが朝香宮の場合は別だった。東京裁判でも最重要視されている「南京事件」の際の指揮官だったからだ。すなわち虐殺事件が起きた昭和十二年の南京攻略戦のとき、朝香宮中将（当時）は中支那方面軍司令官松井石根大将麾下の上海派遣軍司令官だった。同軍団は南京警備を担当し、事件を起こした部隊は直属の師団だった。当然のごとく国際検察団の視線は朝香宮に注がれた。

日本政府筋は逮捕取りやめ工作を必死で行った。効あって、キーナン検事は自ら朝香宮邸に出かけ、二回の取り調べを行った。その結果、論議の末に起訴中止となった。その背景には梨本宮問題があり、さらに最高司令官だった松井容疑者が、すべての責任を背負う決心を固めていたことなどがあったからといわれる。

朝香宮鳩彦中将（南京事件当時）

第5章 検察側立証

「日本の過去」に驚く国民

弁護側が提出した管轄権に関する動議が却下されたあと、法廷は約半月休廷して六月三日に再開され、翌四日の火曜日にキーナン首席検事の冒頭陳述書（オープニング・ステートメント）の朗読が行われた。英文にして約四万語、朗読に二時間五十分を要した膨大なものだった。しかし冒頭陳述の内容は、すでに翻訳して日本人弁護団に渡されていたし、その内容は起訴状の範囲を超えるものではなかったから、朗読は淡々と続けられた。

キーナンは、この裁判の目的は正義の執行にあり、全世界を破滅から救うために、文明と人道の立場から裁判は進められなければならないとした。その上でキーナンは、ここに訴追されている二十八名の被告たちは、民主主義と人間の尊厳の破壊を目的に枢軸同盟を結び、文明に対して宣戦布告をして、侵略戦争を共同謀議し、計画し、準備し、開始したと断罪した。さらにキーナンは、訴追の対象期間を一九〇四年の日露戦争時まで遡り、第一次世界大戦から満州事変、日華事変（支那事変）、太平洋戦争下で起きたさまざまな「日本軍の残虐行為」も順次立証されるであろうと予告して朗読を終えた。

前後をMPのジープに護衛されて、市ヶ谷台の法廷に向かう被告たちを乗せた護送バス。

日本軍の犯罪を次々暴く検察側証人

冒頭陳述が終わったあと、キーナン首席検事は約二週間の予定で一時帰国をした。来日してすでに六カ月を超し、休暇を兼ねた帰国だったが、ひとつはワシントンで開かれる極東委員会での戦犯被告の報告と、天皇をどう扱うかの米政府との打ち合わせだったといわれている。すなわち、米軍による日本統治を円滑に行うため、天皇の戦争責任を問う訴追は行わないことの確認だったという。

キーナン首席検事抜きの検察側の立証は昭

和二十一年六月十三日から開始された。国際検事団は訴追内容を大きく十段階に分類し、各国の代表検事がそれぞれの国がかかわる部分を担当して立証に臨んだ。その分類は次のようなものだった。

第一部・侵略戦争への道
第二部・満州侵略
第三部・中国侵略
第四部・独伊との共同謀議
第五部・仏印に対する侵略
第六部・対ソ侵略
第七部・日本の一般的戦争準備
第八部・太平洋戦争
第九部・戦争法規違反、残虐行為
第十部・個人別追加証拠提出

検察側の立証は昭和二十二年一月二十四日まで約七カ月間続き、この間に登場した内外の証人は延べ千名を超え、法廷で採用された証拠書証は二千二百八十二点にのぼった。

裁判としては空前絶後ともいえる、この膨大な証人と証拠によって、それまでブラックボックスに閉じ込められていた日本近現代史の真実が赤裸々に語られ、追及され、露呈してきた。裁判は「戦勝国による敗戦国の断罪」だと冷ややかに見守っていた多くの日本国民だったが、次々と暴かれる日本政府の実情や日本軍部の「犯罪」に唖然とし、茫然とせざるを得なかった。戦争裁判は、思わぬ功績も生みつつあったのである。

では、この検察側立証の概略と同時に、主な事項を拾って次に紹介しよう。

教育現場を蹂躙した軍国主義

検察側の各論の立証は、昭和二十一年六月十七日にアメリカのハンマック検事による第一部「侵略戦争への道」の冒頭陳述ではじめられた。この一般段階では日本の軍国主義教育の実態や教育者への弾圧、言論機関の抑圧、警察権力を駆使しての圧制や脅迫などによって、侵略戦争がいかに準備されていったかの立証に主眼がおかれた。

ハンマック検事の陳述が終わると、総司令部(GHQ)民間情報教育局長ドナルド・L・ニュージェント中佐を皮切りに、海後宗臣《かいごときおみ》(東大助教授)、大内兵衛《おおうちひょうえ》(東大教授)、滝川幸辰《たきがわゆきとき》(京大教授)の三氏が初の証人として姿を見せた。

ニュージェント中佐は米スタンフォード大学出身で、昭和十二年から十六年三月まで大阪商大、和歌山高商、和歌山商業などで英語、商業、地理、経済地理、簿記などを教えていた教育者で、日米開戦後は米海兵隊で五年間諜

半月ぶりに再開された6月4日、巣鴨プリズンからの被告護送バスが市ヶ谷台に到着した。憲兵たちに護られて法廷に入る東条被告(上)。下は検察側立証の冒頭陳述書を朗読するキーナン首席検事。

検察側証人として、日本人としては初めて証人台に座った海後宗臣東大助教授（当時）。

報部員として活躍していた人だけに、その証言は日本の軍国主義教育の本質を鋭く衝《つ》いていた。

この三人のあとも証人は続々と登場した。たとえば前文相の前田多門《まえだたもん》をはじめ伊藤述史《いとうじゅつし》、緒方竹虎《おがたたけとら》、鈴木東民《すずきとうみん》、幣原喜重郎《しではらきじゅうろう》らと続き、さらに藤田勇《ふじたいさむ》、犬養健《いぬかいたける》、若槻礼次郎《わかつきれいじろう》、宇垣一成《うがきかずしげ》、後藤文夫《ごとうふみお》といった大物たちも次々証人台に立った。A級戦犯容疑で逮捕されている元国務相の後藤は巣鴨プリズンからの出廷だった。検察側証人は、多くが宣誓口述書による証言方法をとっており、検察側への証言のあとには弁護側の反対尋問を受けるのを常とした。

そして、早くも大内氏らが治安維持法違反で学園を追われた「教授グループ」への弾圧事件や「京大事件」などの真相が、初めて国民の前に暴露された。

市ヶ谷法廷は、通常は午前九時三十分に開廷された。六月二十七日もバンミーター大尉の「ここに極東国際軍事裁判所の開廷を宣します」という号令で開始されたのだが、ウェッブ裁判長が「松岡に関しまして報告があります」と、いつもと違う発言をした。すると松岡洋右の小林俊三、フランクリン・ウォーレン両弁護人が進み出て「被告松岡洋右は本日午前二時四十分、東京帝国大学病院において死亡いたしました」と報告した。

重度の結核によって衰弱が激しかった松岡は、米陸軍野戦病院に入院していたが、六月四日に東大病院に移され、この日の真夜中、波瀾万丈の一生を閉じたのである。そして松岡の名前は起訴状から除かれた。

被告を震撼させる田中隆吉証言

第一部の立証は七月一日の午後に終わり、続いて第二部の「満州侵略」に入った。冒頭陳述は、キーナンに次ぐアメリカ検察団の実力者ジョン・ダルシー検事である。

ダルシー検事は、満州制圧から日中戦争（支那事変）にいたる日本軍の謀略と侵略性を具体的に追及していった。すなわち、満州事変の発端になった一九三一年（昭和六）九月十八日の柳条湖事件は、日本軍（関東軍）が満州全土を侵略するために起こした謀略事件であると断定し、さらに日本軍は清朝の廃帝愛親《あいしん》覚羅溥儀《かくらふぎ》を首領とする満州国を樹立し、熱河

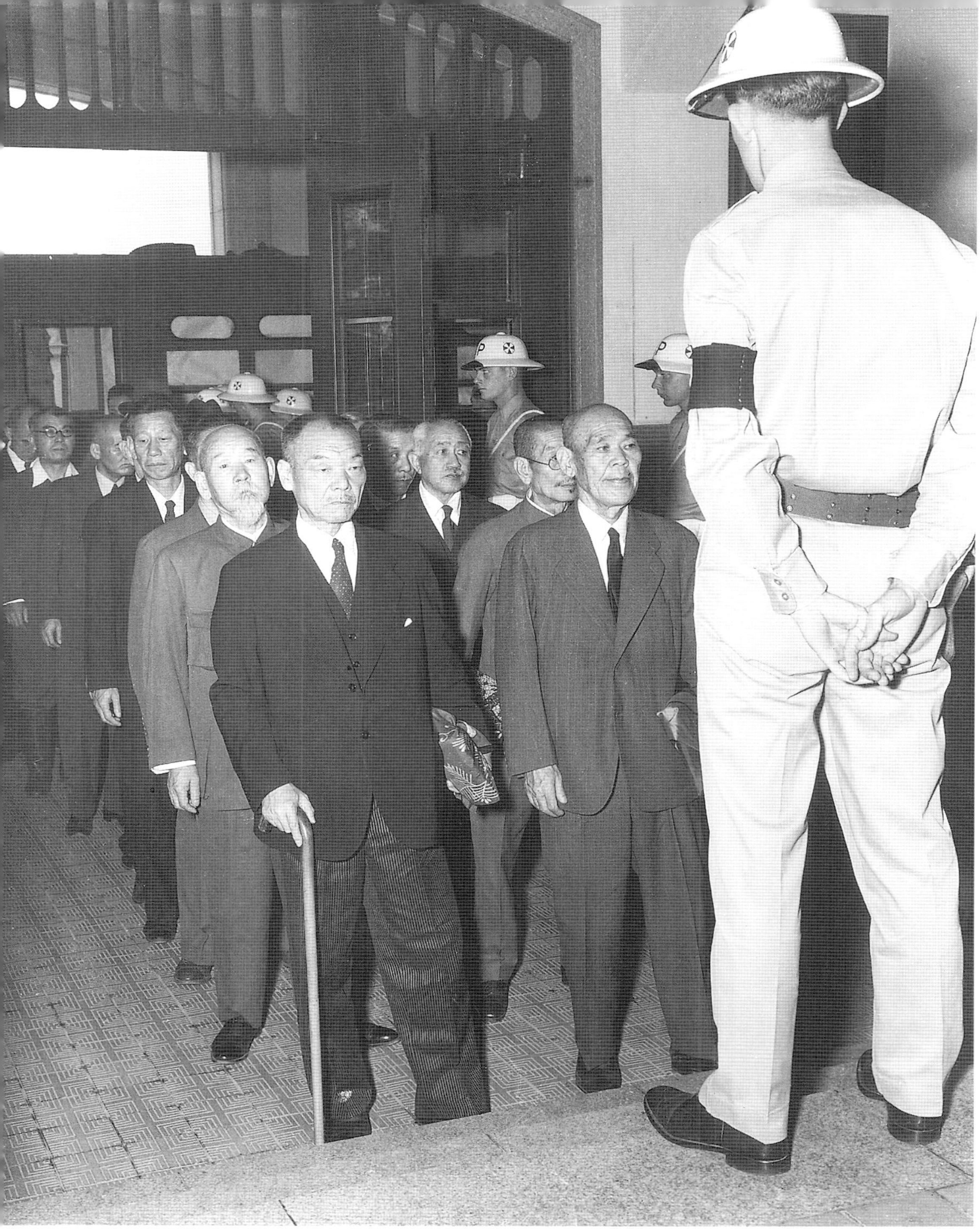

入廷を待つ被告たち。左列前から小磯、南、一人置いて橋本、一人置いて岡、武藤の各被告。右列前から永野、松井、土肥原、広田の各被告。

省、内蒙古にも侵略の手を広げて、長城以南へ本格的に侵攻するための布石を築いたと陳述した。そして起訴事項のこの部分について、もっとも積極的に参与した被告として荒木貞夫、土肥原賢二、橋本欣五郎、広田弘毅、板垣征四郎、松岡洋右、南次郎、大川周明の八名を名指しした。

冒頭陳述を終えた検察側は、約六十通の書証を提出し、元首相の海軍大将岡田啓介、満州事変発生当時の奉天総領事館首席補佐だった森島守人らの証人を新たに出廷させて、日本軍内部の暗闘や、在満州の関東軍のさまざまな謀略や陰謀を次々と暴いていった。その内容は、第一部をはるかにしのぐ衝撃性に満ちており、日々新聞を読む国民はただただ唖然とするばかりであった。

東京の聖フランシス・ザビエル教会で行われた松岡洋右被告の葬儀で、弔問を受ける竜子夫人と肉親たち（7月1日）。

松岡の葬儀に参列した外務省の太田三郎参事官（左端）と松岡の弁護人フランクリン・ウォーレン中佐。

中国の奉天軍閥の総帥だった張作霖《ちょうさくりん》爆殺事件、満鉄線を爆破して満州事変の口実を作ったとされる柳条湖事件の真相、昭和六年に軍閥と大川周明ら右翼グループがクーデターによって政権を奪取しようとした三月事件、十月事件、そしてこれらの事件を画策した橋本欣五郎大佐に代表される青年将校たちの集団「桜会」の実体、さらには満州国成立までのいきさつなどが、証人たちの口から生々しく語られた。

これら証人たちの中で、被告と弁護人たちにショックと怒りを与えた検察側証人が登場した。田中隆吉《たなかりゅうきち》陸軍少将である。

田中は大正十年十一月に陸大卒業後参謀本部勤務などを経て、昭和十年三月に関東軍参謀、十三年十二月に陸軍省兵務課長、十五年三月に第一軍参謀長、同年十二月に陸軍省兵務局長になった。この太平洋戦争下の兵務局長のとき、東条英機陸相と戦争指導上のことで意見が対立し、健康上を理由に現役を去った将官である。

田中少将は検察側立証期間中たびたび登場して、被告たちの〝罪状〟をズバズバと断定する証言を繰り返すのだが、最初に登場したのが七月五日の「満州侵略」の立証のときだった。田中は、いわゆる宣誓口述書は使わず、アメリカのサケット検事の直接尋問に答える形で証言を行っていった。

「満州某重大事件」といわれていた張作霖爆殺事件の惨状。完全に破壊された張作霖の乗っていた客車。

関東軍に爆殺された張作霖元帥。

田中は張作霖爆殺事件に対して「当時の関東軍高級参謀河本大作《こうもとだいさく》大佐の計画によって実行されたものである」と、実行犯を明快に指摘し、続いて柳条湖事件についても、その主要関係者として参謀本部第一部長の建川義次《たてかわよしつぐ》少将、橋本欣五郎被告、大川周明被告、板垣征四郎被告、石原莞爾《いしはらかんじ》中佐（のち中将）などの名を挙げて、満州事変発生前後の日本陸軍の行動を詳細に証言した。

橋本被告に関する尋問では、サケット検事がいきなりこんな質問をした。

検事　田中さん、彼は今日、この法廷に出ておりますか？

田中　イエス。

検事　どうぞ、どこに座っているか、指で示してください。

田中　あの左側であります。

田中はそう言って、被告席に座っている橋本を指さしたという。

さらに田中証言は満州事変後の関東軍の活動状況にもおよび、冀東《きとう》防共自治政府、冀察《きさつ》政務委員会、内蒙古自治委員会の誕生にかかわった者として、土肥原被告、南被告、梅津被告など関東軍の首脳だった軍人たちを名指しで証言した。

まるで日本を戦勝国側に売るかのような田

◀関東軍は謀略の柳条湖事件を口実に行動を起こした。奉天の兵工廠を占拠した日本軍。

▲◀検察側が最大限に活用した証人・田中隆吉少将の入廷（上）。このあとも田中少将は何度も検察側証人として出廷する。左は証人席に座った田中少将。

中の証言に驚愕した弁護人側は、反対尋問のなかであからさまな田中攻撃を開始した。第二復員省の記録係として傍聴していた冨士信夫氏の『私の見た東京裁判』によれば、弁護人はこんな質問もしている。

「証人は、検察側から報酬をもらって情報を売り込んだのではないか」

「証人は神経衰弱、精神異常のため入院したことがあったのではなかったか」

「証人は麻薬を吸ったことがあったのではないか」

もっとも当時の田中少将は、弁護人たちからいじわるな質問を受けても仕方のないような私生活をしていた。当時、田中少将は米軍が接収していた東京・芝白金の野村ハウス（野村生命社長邸）に起居していた。その隣のハットリ・ハウス（服部時計店社長邸）にはキーナン首席検事が住んでおり、検事たちとの交流は頻繁に行われていた。その後、検察側証人たちの宿舎として東京・代々木八幡の今井五介邸が充《あ》てられると、田中は元芸者の愛人とともに、この今井ハウスに引っ越している。

こうした田中と米軍の関係はたちまち弁護人の間に広まったから、自己保身のためにかつての上司や同僚を検察側に売る卑怯者、裏切り者と映った。だが、当の田中の考えは違っていたらしいという。

田中が親しい新聞記者や子息に語ったとこ

満州国皇帝だった溥儀は8月16日から27日まで証人席に座った。ソ連に抑留されていた溥儀は空路護送されてきたのだが、つねにソ連官憲に監視されての「証言」だった。右上は証人席の溥儀。右は控え室で入廷を待つ溥儀（中）。両脇にはがっちりとソ連官憲。上は皇帝時代の溥儀。

ろによると、ポツダム宣言を受諾した以上、裁判は避けられない。ならばできるだけ少ない人間に罪を背負ってもらい、罪のない人を罪にすることのないようにしよう。誰も罪をかぶらなければ、お上（天皇）に罪がおよぶかもしれないからと、裁判での証言を決意したのだという。

満州国皇帝・溥儀の登場

この「満州侵略」ではもう一人、注目の証人が登場した。愛親覚羅溥儀——日本の敗戦の日まで満州国皇帝だった人である。終戦の翌々日の昭和二十年八月十七日、溥儀一行は日本に脱出しようと奉天《ほうてん》（現、瀋陽）飛行場で乗り換え機を待っていたとき、突如進駐してきたソ連軍に捕らえられ、ハバロフスク郊外で抑留生活を送っていたが、東京裁判の検察側証人として空路、東京にやってきたものである。

八月十六日、溥儀はキーナン首席検事の直接尋問に答えて、五歳で清朝最後の皇帝の座を追われ、北京、天津、旅順を転々としたあと、関東軍によって満州国皇帝に擁立されるまでの半生を縷々《るる》陳述した。

キーナン検事の直接尋問は翌日も続けられた。検察側の目的は、当然のことながら満州国の実権は関東軍（日本軍）が握っており、溥儀の皇帝就任も関東軍に強要されたもので、

清朝の廃帝だった溥儀は、満州国建国と同時に「元首」として関東軍によって迎えられた。初めは執政だったが、やがて念願の皇帝になる。写真は執政就任式後の記念撮影。中央のシルクハット帽が溥儀。左隣が本庄繁関東軍司令官。本庄は戦犯容疑で逮捕状が出されると自決した。

証言に先だってソ連側の注意を受ける溥儀（左端）。

溥儀がいかにロボット的存在であったかを証明することにあった。尋問に答える溥儀は始終眉《まゆ》を痙攣《けいれん》させ、体を小刻みに震わせながら、ときには証人台を激しくたたくなどして陳述を続けた。

だが、溥儀の証言は自分本位の一方的なもので、すべての責任を日本側に押しつけようという意図が丸見えだった。弁護団は当初、昭和天皇とも親交のあった溥儀に対する反対尋問は控えめなものにしようと話し合っていたが、あまりにも自己保身に汲々《きゅうきゅう》とした証言内容に驚き、急遽厳しいものになった。傍聴人席でそんな溥儀を見ていた冨士信夫氏は書いている。

「弁護側は、溥儀証人が、満州国執政次いで皇帝に即いたのは一切日本側（関東軍）の強制によるものであり、帝位在位中一切の自由はなく、すべて関東軍のお膳立て通りに行動した、と証言した点に的を絞り、この証言は嘘であり、証人は偽証しており、従って彼の証言には信憑性《しんぴょうせい》がない事を明らかにする点に主眼をおいて反対訊問を進めた。ブレイクニー弁護人は反対訊問中の裁判長との応酬の際、『本証人の証言は、彼が心ならずも君主となったという事が底流をなしており、彼がした一切の行為は強制によったものだといっているが、我々はそれに対応する反証を挙げて、彼を証人として失格させせようとするものであ

日本国民にとっては初めて耳にする衝撃的な証言が連日飛び出す東京裁判は注目の的で、外務省には傍聴券を求める人々の長い列が絶えなかった。

入廷前にMPの入念なチェックを受ける一般傍聴人。

る』と、弁護側の意図を明らかにしている」（『私の見た東京裁判』）

弁護人の追及が核心を衝《つ》くと、溥儀は「忘れた」「記憶してない」を連発してうまく逃れたが、法廷に与えた印象は悪く、そのことでは弁護団の方針は成功したともいえる。

だが、八日間にわたって行われた溥儀の証言の直後、検察側は満州国建国に関する関東軍の策略を立証する外交電報二十通を証拠として提出した。その電報は中国各地の日本総領事館や領事館から外務省に宛てたもので、溥儀の証言を補強する役目を担うものであった。

衝撃だった南京虐殺事件

満州地区以外の中華民国に対する日本の軍事侵略を立証する第三部の中心は、日中全面戦争（支那事変）の発端になった、一九三七年（昭和十二）七月七日に北京郊外で起きた盧溝《ろこう》橋《きょう》事件と南京《なんきん》虐殺事件であった。わけても南京虐殺事件は、世界の注目の的となった。

盧溝橋事件に端を発した日中両軍の戦火は、八月には上海に飛び火した。日本軍は杭州湾に上陸して上海を攻略し、敗走する中国軍を追って蘇州《そしゅう》から南京へと攻め入り、十二月十三日に南京城内に突入した。いわゆる南京虐殺事件といわれる日本軍による殺戮事件

上海一帯の戦闘では写真のようなシーンも見せた日本兵たちだったが、南京では一転して大虐殺を行ったとは……。

南京虐殺事件の証言は、法廷関係者にも傍聴人にも衝撃的な内容だった。左の写真は陥落した南京への日本軍入城式。馬上は中支那方面軍司令官松井石根大将。事件は主にこの入城式が行われた昭和12年12月17日の直前、13日夜から15日にかけて発生したといわれている。松井被告は、この事件の責任だけを問われて絞首刑になった。

は、主にこの南京占領後の約一週間の間に行われたという。

　検察側は虐殺事件立証のために、当時南京大学外科部長だったアメリカ人医師のロバート・C・ウィルソン、南京大学教授で南京国際安全地帯委員会委員であったマイナー・C・ベイツ、南京国際安全地帯委員会委員で紅《こう》卍《まんじ》協会副会長だった許伝音、南京アメリカ教会牧師のジョン・G・マギー、中国陸軍軍医大尉梁廷芳、日本の上海総領事館の無任所公使だった伊藤述史ら九名の証人を登場させた。冨士信夫氏によれば、これらの証言の中でもっとも衝撃的だったのはマギー牧師とベイツ教授の目撃証言だったという。

　証人たちは、日本軍の集団による殺戮状況や強姦の模様を生々しく語った。冨士氏は書いている。

「イヤホーンを通じて、次々と耳の奥底に響いてくる『これでもか、これでもか』というような、各種証人の、ここに記述するのを憚《はばか》るような内容を含む証言は、正にこの世ながらの地獄絵の観があり、終りには、イヤホーンを外してしまいたい気持になった」

　新聞は連日大々的に報道し続けた。そして大半の日本人は、この事件を検察側立証で初めて知り、衝撃を受けたのだった。

病死した松岡被告に代わって、厳しい追及を受けたのは大島、白鳥の両被告だった。上の写真は駐独大使に任命され、ヒトラーと握手をする大島浩中将（昭和16年2月）。

検察側から世界侵略の共同謀議体とされた日独伊三国同盟。写真は同盟成立を祝う東京の外相官邸での祝賀パーティー。中央が松岡洋右外相（右上）。右はタベナー検事。

日露戦争まで引き合いに出すソ連検事

衝撃的な南京虐殺事件の立証が終わった法廷は、検察側の都合で九月十一日から十九日まで第九部の「戦争法規違反、残虐行為」の一部の立証を行い、再び当初予定の第四部に戻って日独伊三国同盟問題の立証に入った。

起訴状で三国同盟締結は「平和に対する罪」の訴因五として挙げられ、その目的は世界を軍事的・政治的・経済的に支配しようとして共同謀議の上に結ばれた同盟であるとされた。立証は九月十九日のタベナー検事の冒頭陳述ではじめられたが、三国同盟締結の主役だった元外相の松岡洋右被告が病死してしまったため、追及の矢はもっぱら元駐独大使の大島浩被告、締結当時外務省顧問だった白鳥敏夫被告に向けられた。

タベナー検事の陳述は大島被告や白鳥被告の尋問調書、木戸日記、日独両政府の各種公式文書、外交電報などを精査して組み立てたもので、日独防共協定にはじまり、三国軍事同盟へと進む日本の〝戦争への道〟を見事に描いて見せた。

七日間におよんだ第四部の立証が終わり、九月三十日から十月六日までは第五部「仏印《ふついん》に対する侵略」の立証が行われた。

フランスのロベル・オネト代表検事の冒頭陳

日本とソ連との関係について証言する河辺虎四郎中将（終戦時の参謀次長）。

検察側証人として立った瀬島龍三中佐。対ソ連攻撃作戦計画について証言する。

述は、日本の仏印＝フランス領インドシナ（現、ベトナム、カンボジア、ラオス）進駐の目的は、日華事変を早急に終結させることと、南方侵出の根拠地を築くこと、そして日本国内で不足しつつあるゴムと米を手に入れることの三つだったといい、そのためにフランス本国がドイツの占領下にあることをいいことに、ヴィシー政府を恫喝《どうかつ》してまず北部仏印に進駐し、さらに南部仏印にも進駐して日米交渉決裂の原因を作ったと決めつけた。そしてオネト検事は、太平洋戦争の導火線となった日本の仏印進駐は「銃剣外交」で、合法を装った侵略戦争であると断定した。

この仏印関係立証中の十月一日、ドイツの戦犯を裁くニュルンベルク裁判の判決が下され、翌二日の各紙は一斉に判決内容を報道した。

オネト検事に替わって登場したのはソ連代表のゴルンスキー検事だった。日本の「対ソ侵略」（第六部）を立証するためである。

ゴルンスキー検事の冒頭陳述は英文六十五頁にのぼり、キーナン首席検事の冒頭陳述をも上回る長さで、朗読に一時間半もかかった。しかし、その内容は饒舌《じょうぜつ》で、冒頭陳述としては迫力に欠けるものだった。おまけに一九〇四年（明治三十七）に起きた日露戦争から一九四五年（昭和二十）八月にいたる「ソ連に対する日本の侵略」を立証するとして、明らかに起訴状が言及する期間（一九二八～一九四五年）を逸脱したものだった。

起訴状が限定した期間に起きた日ソ紛争といえば、張鼓峰事件とノモンハン事件の二つであるが、この二つの事件にしても、当時、日ソ間で協定が結ばれて解決済みの問題である。どうやらソ連は、日ソ中立条約がまだ生きている一九四五年八月九日に、突如日本に宣戦布告した自らの〝条約違反〟をなんとかもみ消そうとしていたのかもしれない。

当然のことながら、ブレイクニー弁護人らから異議申し立てが出された。

「陳述は結論的、議論的、推論的、扇動的で、具体的事実を述べていない」

「この陳述は、当時なお有効であった日ソ中立条約を侵犯して日本に宣戦布告をしたことに対して、自分の立場を正当化しようとして議論しているにすぎない」

ウェッブ裁判長も弁護側の異議を認める発言をしたが、ソ連の立証を続行させた。

ソ連検事の事実に乏しい立証を聞く判事席（10月15日）。

際だつブレイクニー弁護人の反対尋問

実質十日間にわたった日ソ関係の立証が終わったあと、法廷は十月二十一日から太平洋戦争開戦へと向かう日本の戦争準備に関する立証（第七部）に入った。そして十一月二日、いよいよ検察側立証のハイライトともいえる太平洋戦争開戦に関する立証に入った。すなわち、検察側は起訴状に挙げたように、太平洋戦争は侵略戦争で、国際法に違反してはじめられた不法な戦争であるということを立証しなければならないのである。

法廷が開廷されるとキーナン首席検事が立ち上がり、「これより日本の対米英関係の立証に入る」と宣言すると、アメリカのカール・ヒギンス検事が『米国および英国対日本の関係』と題された冒頭陳述の朗読を開始した。

朝日新聞法廷記者団の『東京裁判』は、その冒頭陳述の概要をこう記している。

「ヒギンス冒頭陳述は、まずヘーグ条約、国際連盟規約、九カ国条約など日本が締約した国際条約をあげた後、満州事変から太平洋戦争まで、日本がいかにこれら国際条約を蹂躙《じゅうりん》したかを明らかにしたものである。殊に日米関係については、いまだ世に知られない幾多の資料を駆使して、余すところなく日本の背信を衝いたのであった。ヒギンス検事は、日

▲被告たちのために大活躍したブレイクニー弁護人。

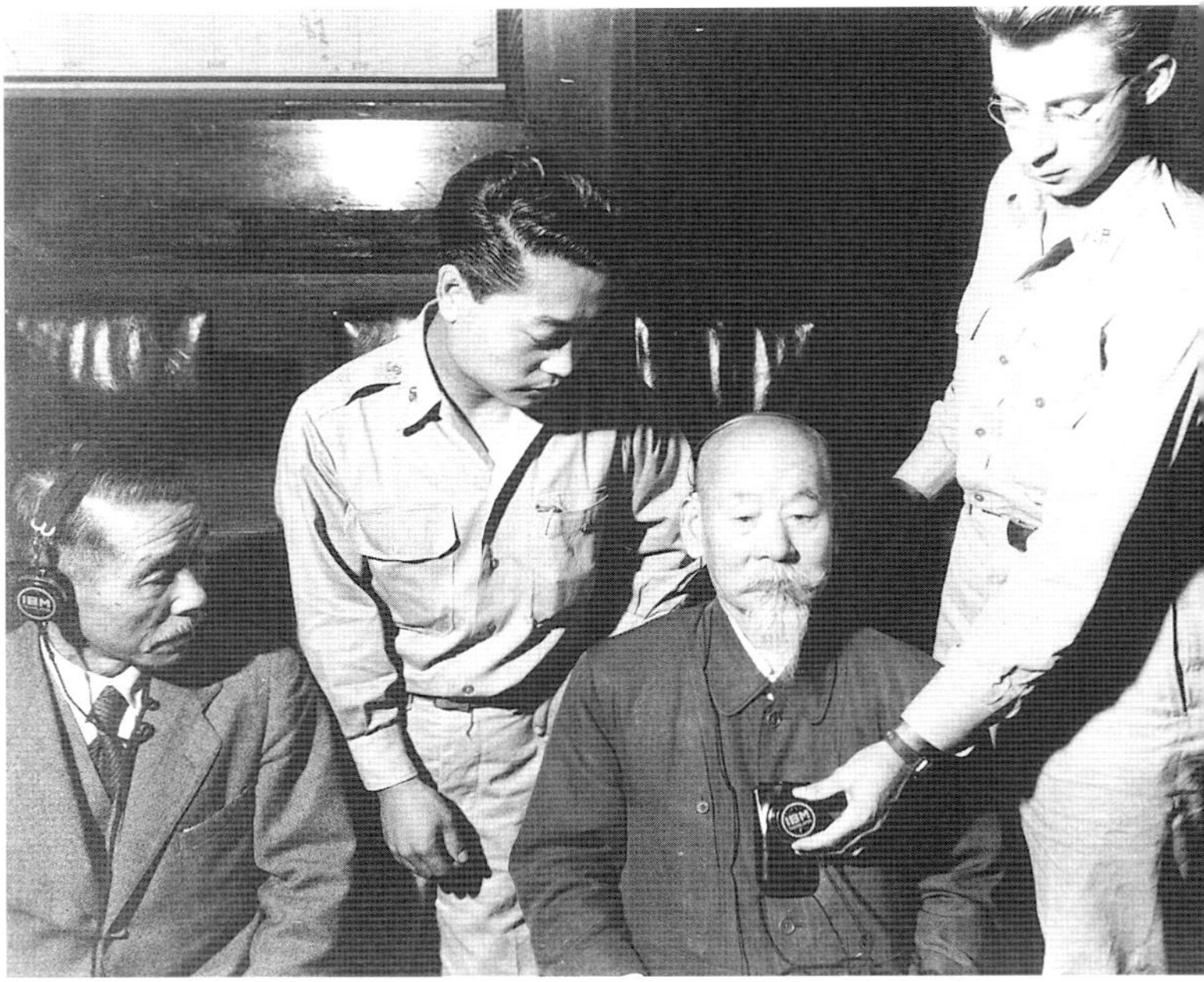

▶法廷関係者全員に配られたヘッドホーンをつける広田被告（左）と南被告。南大将は米通信将校から補聴器の使い方を教わっている。南の左は小野寺通訳（日系2世）。

本が一面交渉、一面戦争準備を巧妙に進展させ、すでに戦争を決意しながらも、太平洋の平和維持を見せかけんとしたかをしんらつに追及するのである。日米交渉最中の日本の政治動向を忌憚《きたん》なく摘出し、日米交渉に示されるものの裏面を解剖する。その両者が周到に織りこまれた堂々たる陳述であった」

　このヒギンス検事の冒頭陳述を基礎に、アメリカのハーデン、クイリアム、キーナン、ヒギンス各検事たちは、十一月二十七日まで前後十八日間にわたって「日本の侵略戦争突入」を追及した。この間に出廷した証人は四名、提出した書証は三百九十七通にのぼった。検察側提出の書証の中にはグルー元駐日米大使やクレーギー元駐日英大使、スチムソン元米国務長官、ハル前米国務長官、バーンズ米国務長官、サージャント英外務次官といった歴代の大使や国務長官など大物の宣誓口述書と陳述書も含まれていた。

　さらに検察側書証の中で注目を引いたのは、アメリカが開戦前から日本の外交暗号を解読していて、日米交渉に関しても、日本外務省とワシントンの日本大使館との間で交わされた各種電報はすべて解読されていたという事実が、書証によって判明したことだった。すなわち、開戦にいたる日米交渉は、日本の手の内を知り尽くしたホワイトハウスにそのイニシアチブを完全に握られていたということである。

　さまざまな書証によって、日米開戦までの日本政府の動きを詳細に立証してきたアメリカ検察団は十一月十八日、「極東問題の権威者である」米国務省顧問バランタイン氏を法廷に呼び、キーナン首席検事が直接尋問を行った。バランタイン氏は一九四一年に日米交渉が開始されてから開戦にいたるまでの、米政府の動きと見解を詳細に語った。

　翌十九日から前後五日間、日米の弁護人九名が反対尋問を行った。その最初に立ったのはブレイクニー弁護人だった。陸軍少佐のブレイクニー弁護人は溥儀の反対尋問でも活躍した人で、傍聴人席では密かな期待をもって少佐の反対尋問に聞き入った。そしてブレイクニー弁護人は期待に違《たが》わず鋭い反問を連発し、被告に有利と思える〝証言〟をかなり引

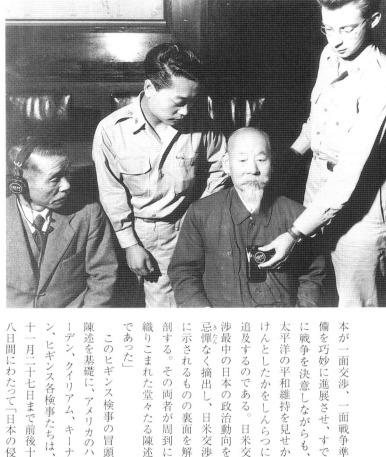

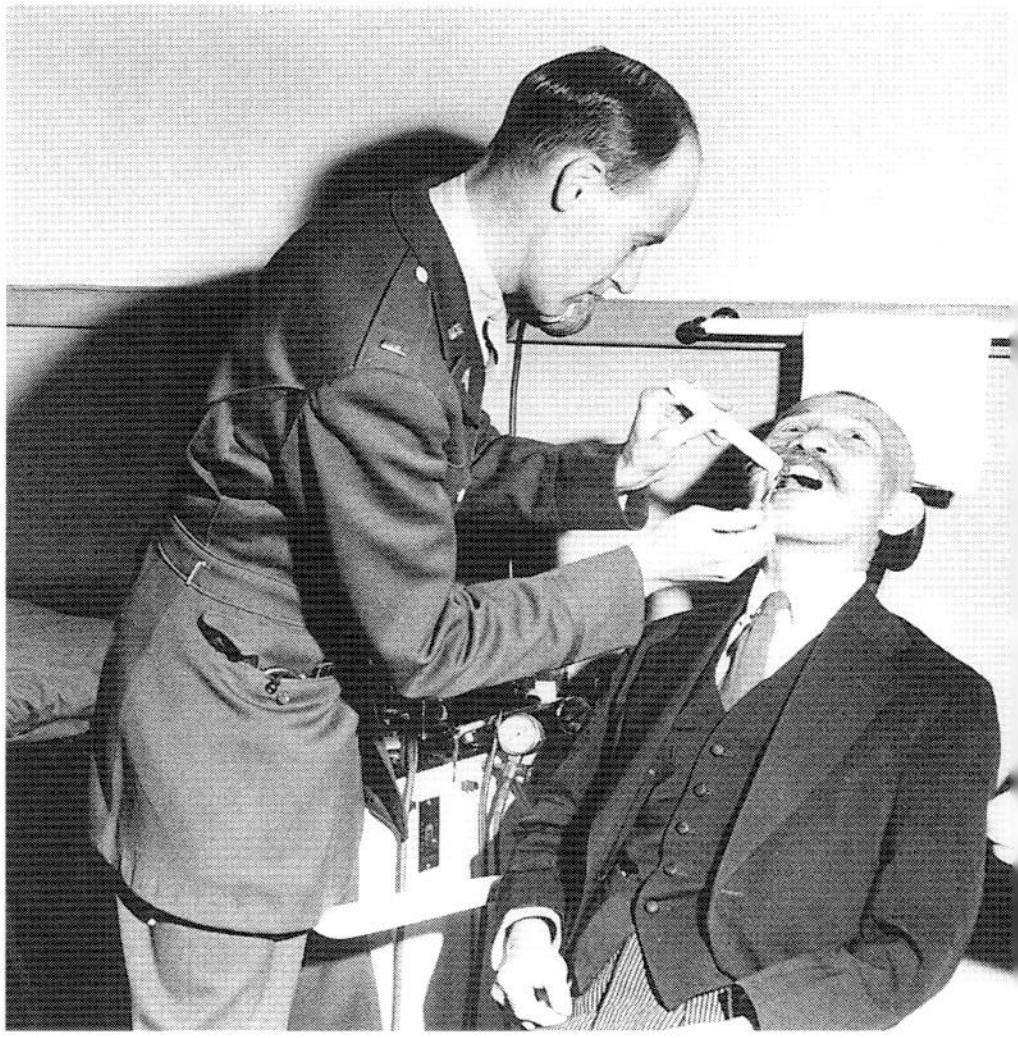

米軍軍医から歯の治療を受ける
荒木貞夫被告(10月22日)。

法廷通いの被告たちにとって、つかの間の憩いは昼食後の休憩時間と金網越しの面会だった。
写真上は、金網が二重に張られた裁判所の面会室で弁護人と打ち合わせをする武藤章被告。
写真中は、かつて陸軍省軍務局長だった佐藤賢了被告(左)と上司で首相兼陸相だった東条英機被告が、昼食後のひとときを談笑する(11月9日)。
写真下は、昼食後の休憩時間に囲碁を打つ佐藤被告と白鳥敏夫被告(右端)。かたわらでは東条被告が、法廷での自己弁護の策を練っている(11月9日)。

き出すことに成功した。

朝日新聞法廷記者団の担当記者は「これまでの法廷で、最も典型的な反対訊問であった。論理整然とつっこんでいくところ、息もつかせぬ緊張を与えたのである」と書き、傍聴人席の冨士信夫氏は「私はブレイクニー弁護人のバランタイン証人に対する反対訊問は、東京裁判全体を通じて、最もすぐれた反対訊問だったとの印象を持っている」とその著に記している。

ちなみに米軍の暗号解読班が、日本の外交暗号を解読しはじめたのは「一九四一年の春以降」であると、バランタイン氏から聞き出し

▶日本軍のバターン攻略戦で捕虜になった米比軍の将兵。いわゆる「死の行進」とは、これら大量の捕虜を後方の収容所に徒歩で送ったため、多くの死者を出したことを指す。

▲第15方面軍（フィリピン）参謀長だった武藤章被告を激しく追及する証拠書類を読み上げるフィリピン代表のペドロ・ロペス検事。

▶フィリピンのロス・バニョス収容所での日本軍の虐待について証言するワンダ・ワーフ嬢（12月10日）

たのもブレイクニー弁護人だった。

七カ月におよんだ検察側立証

十一月二十五日、法廷は元米太平洋艦隊司令長官ジェームス・リチャードソン大将を証人に迎えた。リチャードソン大将は、開戦当時の軍令部総長だった永野《ながの》修身《おさみ》被告の名を挙げながら、山本五十六《やまもといそろく》大将率いる日本の連合艦隊による真珠湾攻撃が、いかに「騙《だま》し討《う》ち」であったかを陳述した。

続いて十二月三日からは、オランダ代表検事のボルゲルホフ・マルデル少将が冒頭陳述を行い、日本の蘭印（オランダ領インドシナ＝現インドネシア）侵略の立証に入った。この蘭印関係では婦人検察官のストルーカー女史をはじめ、オランダは次々と検事をくりだして、内務監督官や神父らを含む白人を殺戮した「バリクパパン事件」など、日本軍占領下の苛酷な実態を明るみに出そうとした。

こうして六月初旬にはじまった検察側立証も六カ月を超え、いよいよ大詰めを迎えていた。そして十二月十日からは検察側立証の締めくくりともいえる「戦争法規違反、残虐行為」の具体的陳述に入った。

法廷ではフィリピン代表検事のペドロ・ロペス検事が、反日感情むきだしで「マニラの大虐殺」や「バターン死の行進」をはじめ、日本軍による捕虜虐待の事例を陳述し、さらに七名の証人と百三十五通の書証を提出して日本軍を糾弾した。

戦争法規違反の立証は翌昭和二十二年一月十七日まで行われた。この間の休廷はクリスマス・イブの十二月二十四日の午後と、クリスマスの二十五日、それと元日だけだった。

正月二日からはオーストラリア代表のマンスフィールド検事が冒頭陳述に立ち、東南アジアから南太平洋における日本軍の残虐行為を、それこそこれでもか、これでもかといった感じで陳述した。記者席の朝日新聞記者は「すっかり滅入ってしまった」と書いた。

さらにカナダ、フランス、アメリカ、オランダ、英国代表からも日本軍の罪状が述べられ、多くの証拠書類と供述書が提出された。

出廷した証人も多く、この戦争法規違反関係の証人合計は四十四名に達し、提出書証は千三十五通、公判日数は四十一日を数え、他の部門の立証にくらべてすべてが群を抜いていた。

1942年2月にバンクス諸島（南太平洋）で日本軍の捕虜になり、45年9月まで収容されていたオーストラリア陸軍看護婦のブルウィンドル大尉は、捕虜期間中の恐怖の体験を証言する（12月20日）。

かつて中国・ビルマ・インドの戦場で日本軍と戦った中国遠征部隊司令官だったウェイ・リーホアン将軍（左から3人目）一行が、東京裁判の傍聴に訪れた（11月27日）。

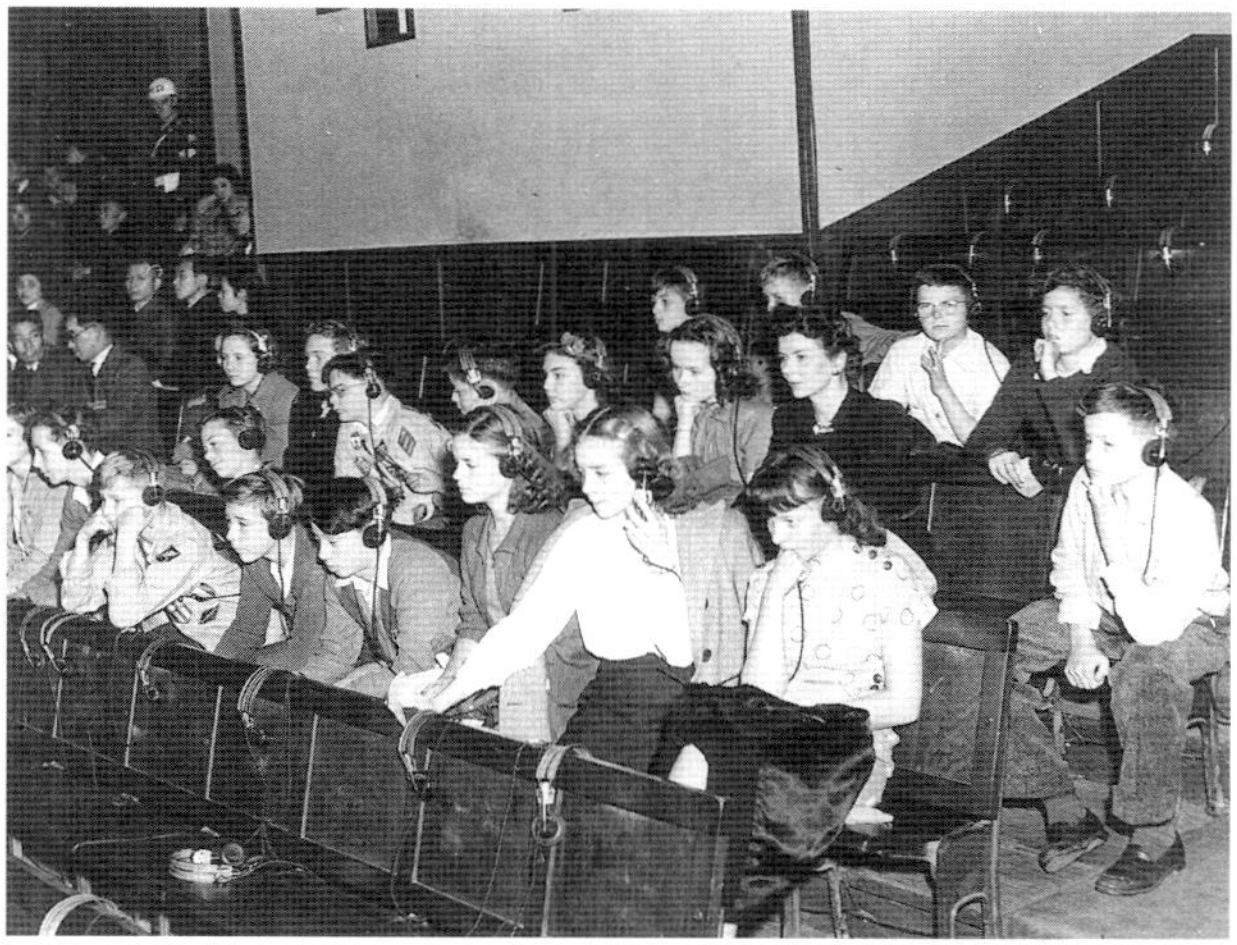

ヘッドホーンを当てて法廷を見守るアメリカン・スクールの生徒たち（11月22日）。

第6章 弁護側反証

国家の弁護か被告個人の弁護か

米兵の監視下で巣鴨プリズンの房内清掃をする戦犯容疑者たち。

清瀬弁護人、大演説口調の冒頭陳述

年末までに終わるとみられていた検察側の立証は終わらず、年を越すことになった。その一九四七年(昭和二十二)の正月五日午前十一時五十分、開戦時の軍令部総長だった永野《ながの》修身《おさみ》元帥(海軍大将)が急死した。

永野被告は一月二日、法廷から巣鴨プリズンに帰ったが「寒気がする」と訴え、翌三日、東京・両国の米陸軍第三六一野戦病院に収容されていた。永野は結核を患っていたが、直接の死因は急性肺炎だった。

A級戦犯たちが収容されていた独房は夜でも電気は点《つ》けっぱなしで、そのうえ永野の房は小窓が壊れていて寒風が吹き込み、ほとんど熟睡できなかった。結核を病んでいる六十六歳の永野の体は、こうした苛酷な状況に耐えられなかったのかもしれない。

永野が消えた法廷では、日本軍による捕虜虐待や処刑問題の戦争法規違反に関する検察側立証が続けられていたが、一月二十四日の夕方、百五十九回目の公判をもってようやく終止符を打つことができた。そして法廷は、攻守ところを替えて弁護側の反証に入ることになった。

弁護側の反証は二月二十四日、弁護団副団長の清瀬一郎弁護人の冒頭陳述で開始された。

清瀬はまず、起訴事実は五十五の訴因に分かれており、被告の一人一人が個々別々に多数の訴因について反証を提出すると非常な重複と混乱を生むので、共通事項についてはできるかぎり共通に証拠を挙げることで協定した。その結果、次の五段階に区分して証拠を提出したいと告げた。

第一部　一般問題

第二部　満州および満州国に関する事項
第三部　中華民国に関する事項
第四部　ソビエト連邦に関する事項
第五部　太平洋戦争に関する事項

この五部門に加え、第六部として「各被告個人に関する弁護」として追加の証拠を提出することもあると付け加えた。

清瀬は第一部の冒頭で、こう陳述した。

「検察官は昭和三年から昭和二十年の間に日本政府が採用した軍事措置は、それ自体国際公法から見て犯罪行為であるとしているだけではなく、国家が侵略的戦争または条約違反の戦争を起こした場合に、たまたまその局に当たり、戦争遂行の決定に参加した個人は犯罪者としての責任を免れぬといっている。言い換えれば、被告を含む日本国家は十七カ年の全期間にわたって国際法を犯していたというのが、検察側の根本の主張である。被告はまずこれを極力否定する」

そして、こう続けたのである。

「また弁護人の方では、主権ある国家が、主権の作用としてなした行為に関して、ある者が当時国家の機関たりしとのゆえをもって個人的に責任を負うというがごときは、国際法の原理としては、一九二八年においては無論のこと、その後においても成立していなかったことを上申するものであります」

また、三国同盟を結んだわが国の指導者たちが、独伊と共同して世界を征服するなどと考えたことはなかったし、被告同士が共同謀議をしたこともないと強調した。

「元来被告たちは年齢も相違すれば、境遇も相違いたしまするし、ある者は陸海軍軍人であり、他の者は官吏であり、ある者は外交官、他の者は著述家でありまして、その全部が特殊の目的をもって会合する機会を持ったことはありませぬ」

そして清瀬は、検察側が訴因第三十七以下で、戦争行為によって発生した人命の喪失まで殺人とみなして被告を起訴しようとしているのは間違いで、被告弁護人は、戦争による人命の喪失は殺人罪を構成しないのが国際法の定説であると主張した。

満州事変に関しても検察側への反証の証拠物はたくさんあるといい、第三部の蘆溝橋事件の発生も「責任はわが方にはありません」し、事件当時、日本側が希望したように局地的に解決されていれば、事態はかくも拡大せ

▲検察側の「有罪」主張に対して「自衛戦争論」を展開、真っ向から対決する弁護団副団長・清瀬一郎弁護人の冒頭陳述(2月24日)。

▼弁護方針の打ち合わせをする日米の弁護人たち。法廷では英米法に慣れた米人弁護人に頼ることが多くなっていた。

米人弁護人は熱心組、スパイ組、中間と三つのタイプに分けられたという。そこで弁護側反証がはじまる前の昭和22年2月8日、日本人弁護団は彼らの一層の協力と奮起を促すために、高松宮の斡旋で米人弁護団ご一行を千葉の御領地のカモ猟に招待した。

ず、「したがって侵略戦争やいなやの問題に進まなかったのです」と、日中戦争の発端の責任は中国側にありと断定した。

さらに第四部のソ連関係では、張鼓峰事件、ノモンハン事件はすでに協定済みの問題であり、その後の一九四一年四月、日本とソ連が中立条約を締結したことによっても疑問の余地はなく、よって日ソ間の問題は「本件の裁判所の管轄に入るべきではありません」と主張した。それよりも、問題はソ連側にあると反撃に出た。

「ことに一九四五年八月、この時はソ連がわが国との中立条約を持っておりましたが、これを無視して、早くも虎頭南方より越境して来て引き続き満州国に侵入して来ました。さらに驚くべきはこの決意はすでに一九四五年二月十一日にヤルタでなされております。これは明らかに当時なお日ソの間に効力のありました中立条約の違反であります」と。

日米開戦は自衛権の行使だ！

第五部の「太平洋戦争に関する事項」でも、清瀬は「これが真に日本の生存のためにやむにやまれぬ事情の下に、自衛権を行使するにいたった」戦争であったと言い、その原因はアメリカが作ったと言い切った。清瀬は陳述書を読み上げて言った。

清瀬は「アメリカはハワイに太平洋艦隊を進出させて日本を威嚇していた」と主張、日本の自衛戦争論を続けた。写真は米太平洋艦隊司令長官リチャードソン大将（右端）が「艦隊をハワイにとどめておくべきではない！」とワシントンに乗り込んでノックス海軍長官（右から2人目）に直談判しているところ。左端はスターク作戦部長（1940年10月10日）。

「一九三九年七月二十六日、アメリカは突如一九一一年以来、両国通商の根本であった日米通商航海条約廃棄を通告してきた。これより両国間の誤解はだんだん増大していったのであります。爾来《じらい》、アメリカはわが国に対し種々なる圧迫と威嚇《いかく》を加えて来たのです」

すなわち一九三九年十二月には飛行機とその装備品、飛行機組み立て機械、ガソリン精製機械を輸出禁止品目にし、一九四〇年七月には屑鉄の対日輸出を禁止し、翌八月には航空用ガソリンの輸出を制限してきた。

一方では蒋介石政権への援助を増やし、この年の十二月にはアメリカ太平洋艦隊の主力をハワイに集結させてきた。すなわち対日示威が行われ、イギリスもまた同年十一月十三日に、シンガポールに東亜軍司令部を新設してきた。さらに一九四一年七月二十七日には、アメリカ政府はわが国の在米全資産の凍結を行った。

「イギリスおよび蘭印もただちにこれに倣《なら》いました。わが国とイギリスおよびオランダとの間には、通商航海条約は当時現存いたしておりました。したがってイギリスおよびオランダの日本資産凍結令はこの条約に違反してなされた違法なものであります」

そして清瀬弁護人はこうたたみかけた。

「一言にしていえば、自衛権成立の基礎的事実はこの時期に十分に完備したのであります」

さらに真珠湾攻撃にも言及し、「騙し討ちではない」と縷々《るる》陳述した。

ところで清瀬弁護人の冒頭陳述は、裁判の基本である個人弁護よりも国家弁護の要素が強く、さらに日本陸軍擁護のニュアンスが濃かった。このため陳述草案は三回も書き直されたというが、それでも外務省系の弁護人の不満は消えず、「このような陸軍色で書かれた冒陳《ぼうちん》には乗れない」と反対意見が出されたという。

その結果、重光葵、広田弘毅、平沼騏一郎、土肥原賢二の四被告は清瀬冒頭陳述への不参加を表明した。

清瀬陳述には新聞も厳しく、毎日と読売はそれぞれの社説で痛烈に批判した。アメリカからは二十六日発で、「ニューヨーク・タイムス」の批判記事をAP通信が打電してきた。

「清瀬弁護人は、日本が軍事的攻勢の包囲環の犠牲者にすぎないと論じたが、もし一切の日本の行動が自衛であったとしたらそれは盗賊の、犠牲者に対する『自衛』にほかならないであろう。かつて日本の戦争指導者どもが、その犯罪弁護に言いふらした古くさい神話や宣伝が、東京の戦争裁判で口にされているが、これらの事は、ナチ党の戦犯者たちでさえ、敢えてしなかったほどの思い上がりである」

（朝日新聞）

弁護側反証で熱気を帯びる法廷。左側の裁判官席には11名の判事がそろっている。写真手前は傍聴人席。

裁判所内の控え室で打ち合わせをする各国代表の検事たち。

スミス弁護人の「不当な干渉」という言葉に怒ったウェッブ裁判長は、興奮して「陳謝しろ!」と迫った。

弁護団を圧迫する判事・検察団

清瀬弁護人の冒頭陳述の後を受けて、それぞれの担当弁護人によって各論の反証に入っていった。日米弁護団はあらかじめ書証委員会を設けて、反証の進行を検察側に対応して次の六段階に分け、担当弁護人も決めていった。

第一部・一般問題　鵜沢総明、ウィリアム・ローガン
第二部・満州問題　岡本敏男、フランクリン・ウォーレン
第三部・中国問題　神崎正義、アリスティディス・ラザラス
第四部・ソ連問題　花井忠、ベンブルース・ブレイクニー
第五部・三国同盟問題　オーウェン・カニンガム
第六部・太平洋戦争問題　清瀬一郎、ジョージ・ブルーエット

弁護側の各論の反証は二月二十五日、ローガン弁護人の冒頭陳述ではじめられ、翌一九四八年（昭和二十三）二月十日まで、ほぼ一年間にわたって行われた。この弁護側の反証のなかでますますはっきりしてきたのは、ウェッブ裁判長をはじめ判事団の態度と立場が、きわめて検察側に近いということだった。すなわち法廷は判事・検察団対弁護団という図式で進められ、ウェッブ裁判長は検察側立証事項に不利と思われる証拠や被告側に有利と思われる書証や証言が出されると、次々と却下していったことからもわかる。

そうした不利な法廷進行のなかで、アメリカ人弁護団は大奮闘をした。なかでも経済問題ではデイビッド・スミス弁護人とウィリアム・ローガン弁護人が活躍し、外交問題ではベンブルース・ブレイクニー弁護人、軍事関係ではジョージ・ブルーエット弁護人が専門知識を駆使して判事・検察団に激しく迫った。

そうした弁護側反証の法廷で、スミス弁護人排除事件が起きた。スミス弁護人とウェッブ裁判長は、すでに弁護側反証の冒頭に行われた一月二十七日の「ディス・ミス（公訴棄却）」動議のときから反目しあっていた。

その二人が、三月五日の一般問題反証中にまた衝突した。この日法廷では岡本弁護人が御手洗《みたらい》辰雄《たつお》氏（当時、国際特信社社長）を証人尋問していたが、ウェッブ裁判長は証人が被告に有利と思える発言をすると、しばしば証人と弁護人の発言をさえぎり、タベナー検事と何事かささやきあっていた。そして「今後は検察側が述べた範囲で証言を行うように」と発言した。

このとき、広田被告担当のスミス弁護人が発言台に進み、「弁護人の証人尋問に対して

裁判所が〝不当な干渉〟を加えることに異議を留保する」と発言した。

冨士信夫氏は書いている。

「この『不当な干渉』という言葉が裁判長には〝カチン〟ときたらしい。スミス弁護人の発言が終るや、裁判長は『不当な干渉』という言葉は法廷を侮辱するものであるとして、スミス弁護人に対してその撤回と陳謝を要求した。しかしスミス弁護人は、自分の発言は法廷を侮辱するものとは考えない、といって裁判長の言に従わない態度を明らかにした」

この「不当な干渉」という言葉は、アメリカの法廷ではごく日常的に使われている言葉だといわれ、スミス弁護人自身、それほどの抗議性を込めて言った言葉ではなかったようだ。だが、ウェッブ裁判長はスミス弁護人が「不当な干渉」という言葉を撤回して、陳謝しなければ同弁護人を今後の審理から除外すると言い渡したのである。そして、その後のやりとりでウェッブ裁判長とスミス弁護人は「陳謝しろ」「その必要はない」と対立を続け、結局、九月五日の法廷でスミス弁護人は広田被告の弁護人としての地位を追われたのだった。

日本は原爆投下への報復権を持つ!

充実したスタッフを抱える大所帯の国際検察団に対し、予算もスタッフも少ない日米弁護団は、十分な反証準備も整えられず、証人の数も検察側にくらべれば少なかったから、劣勢は免れえなかった。しかし日本人の特性なのか、どちらかというと控えめな日本人弁護人にくらべ、アメリカ人弁護人は驚くほど素直に被告と日本の弁護に徹する態度をとり続けた。

その一人ブレイクニー弁護人は三月三日、米英ソなど五カ国は、一九二八年にパリで締結された不戦条約に違反しているという論戦のなかで、広島・長崎に対する原爆投下問題にもふれ、「原子爆弾は明らかにヘーグ陸戦条約が禁止する兵器だ」と指摘した。するとコミンズ・カー検事が異議をとなえた。

「連合国がどんな武器を使用しようと本審理

ブレイクニー弁護人から「広島・長崎への原爆使用はヘーグ陸戦条約違反だ」と指摘されると、コミンズ・カー検事(右)は即座に異議をとなえる。上は広島に投下された原爆。

にはなんらの関連もない」

続けてウェッブ裁判長がブレイクニー弁護人に質問した。「仮に原子爆弾の投下が戦争犯罪だと仮定しても、それが本裁判にどんな関係があるのか」と。こうして、はからずも原爆投下論争が展開されることになった。

弁護人　いくつかの返答ができますが、その一つは報復の権利です。

裁判長　しかし報復というものは、その行動が行われたあとに限られるものであろう。

弁護人　検察官の起訴状は原子爆弾投下以後の被告の行動についても訴追しています。

裁判官　しかし、それはわずか三週間のことだ。（米政府が原爆使用を決定してから終戦まで三週間）

弁護人　しかし、そのわずか三週間の出来事でも、被告の誰かを有罪にすることができるかもしれない。私の記憶では、この三週間に関する証拠書類は相当多量なものです。たとえばマニラの虐殺事件なども、この三週間内に含まれます。

裁判長　その件は考慮しよう。十五分間休憩する。

ウェッブ裁判長の休憩宣言は、いかにも唐突な感じを与えた。

「これ以上弁護人の発言を続けさせて置くと、弁護人の主張の正当性に裁判長がやり込められかねないので、そうならない内に、いかにも弁護人の主張について裁判所が考慮するかのような形をとっての休憩宣言であった。私は、この論議、明らかにブレイクニー弁護人の勝ち、と感じた」（『私の見た東京裁判』）

実際、ウェッブ裁判長は法廷から逃げを打ったのである。その証拠に、再開された法廷でウェッブは「多数決により却下と決定した」と、簡単に「考慮」発言を反故《ほご》にしてしまった。

ソ連検察陣と対決する弁護団

東京・世田谷の精神病院に入院している大川周明は、米軍医師の診察の結果「自らの弁護を行う十分な精神能力、判断力なし」と認められ、ウェッブ裁判長は四月十日、大川を正式に審理から除外することを宣言した。

原爆投下で壊滅した広島市街。写真は爆心地周辺。

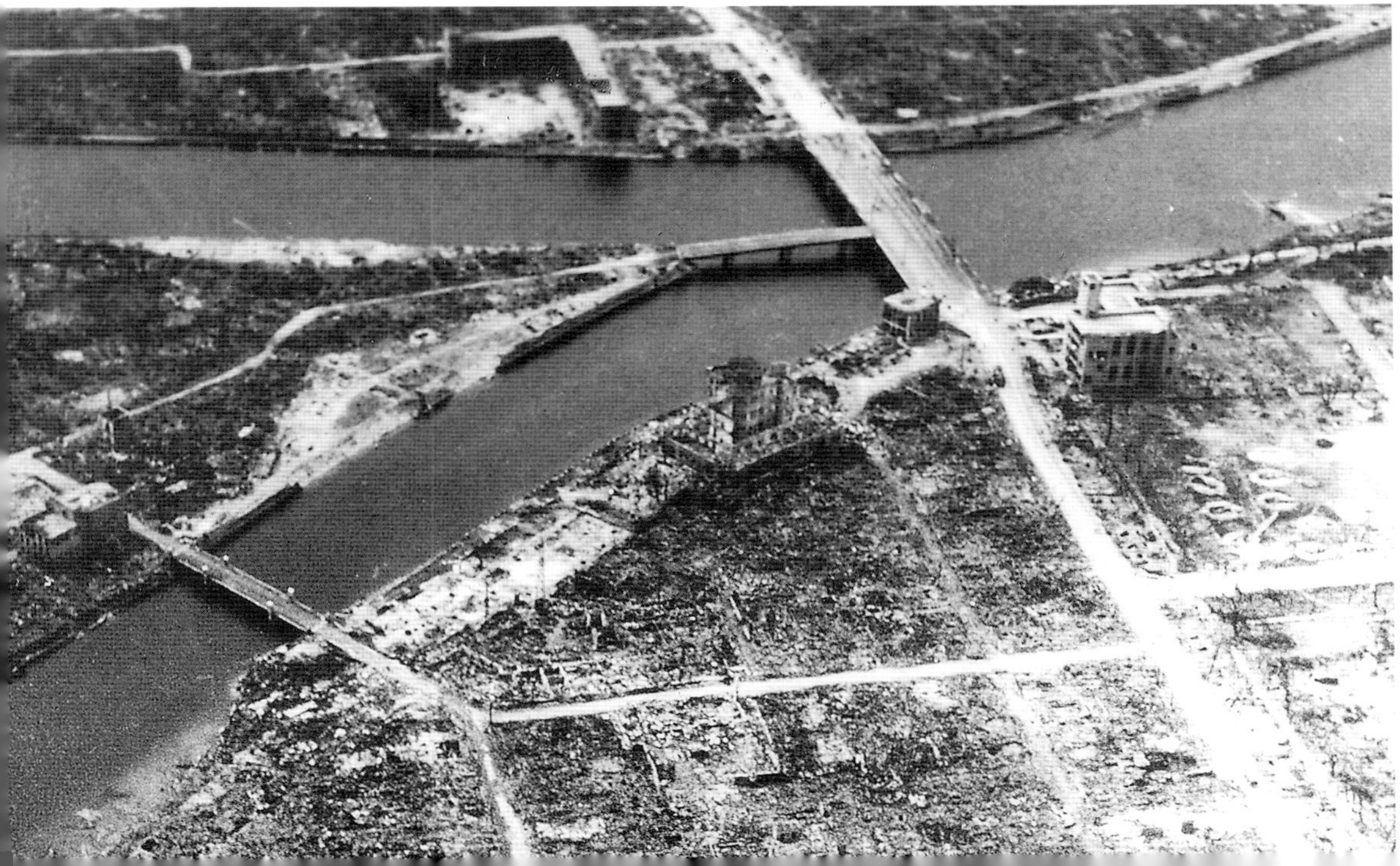

松岡洋右、永野修身両被告が亡くなり、大川が審理除外となって被告が二十五名になった法廷は、四月二十二日に一般部門に続いて展開された満州部門の立証が終わり、日華事変の反証に入った。この日華事変部門の注目の的は、検察側の論証で初めて明らかになった「南京虐殺事件」だった。弁護側は事件発生当時、中支派遣軍参謀だった中山寧人、元南京大使館参事官日高信六、もと中支派遣軍法務部長塚本浩次の各氏らを証人に立てて、事件は断じて計画的なものではなかったことを強調した。

五月十六日からは、正味十六日間におよぶソ連部門に入った。ラザラス弁護人が冒頭陳述を行い、カニンガム、ブレイクニー、ファーネス弁護人らが各論の反証を行った。弁護側の反証は大きく防共協定、張鼓峰事件ならびにノモンハン事件、日ソ中立条約問題の三つに分けて行われた。

日独防共協定の目的については「共産主義の脅威を一定限度にとどめ、他国に先んじて欧州とアジアの平和を維持することであった」とし、断じて世界制覇のための共同謀議の結果などではないと強調した。

そして張鼓峰事件はソ連軍の攻撃ではじまった戦闘行為であり、ノモンハン事件もソ連と蒙古人民共和国軍がハルハ河を渡って満州国軍と衝突したことにはじまると言い、日本側に侵略の意図などはなかったと反論した。その証拠にノモンハン事件は、日本の東郷茂徳駐ソ大使とソ連のモロトフ外相の間で協定が結ばれ、解決済みの問題であるから、「日本が同事件を通じてソ連に対する侵略戦争を企図し、実行したとの検察側の主張は成り立たない」と反撃した。

日ソ中立条約に関しても、ソ連の対日参戦は明らかに条約違反であると決めつけた。さらにこの反証で、連合国側が行ったモスクワ、テヘラン、ヤルタ、ポツダム各会議にアメリカ

ノモンハン事件で現地停戦協定の協議をする日ソ両軍首脳(上)。左は昭和16年4月13日、日ソ中立条約に署名する松岡洋右外相(前列中央)。後列左から3人目がロゾフスキー外務人民委員長、右へモロトフ首相兼外相、右へスターリン首相。

代表使節として出席していたジョン・R・ディーン少将の口供書によって、米ソ間で交わしていた秘密協定が初めて明るみに出された。すなわち、アメリカが「ソ連はドイツ敗北後三カ月で対日攻勢（対日参戦）をとる」ことを認めた協定である。

ソ連検察官団とアメリカ人弁護団の激しい攻防が終わり、弁護団の反証は六月十二日から太平洋戦争部門の序章ともいえる三国同盟問題に入った。冒頭陳述はカニンガム弁護人が行い、検察側は三国同盟を「防共協定の強化、世界分割をめざす侵略計画」と主張したが、そのようなことは断じてないとした。

さらに反証は昭和十六年の日米交渉に入り、泥沼化する交渉のなかでなんとか打開の糸口を見つけようとしたが、ついにハル国務長官の〝最後通牒〟で、やむを得ず「自衛戦争」に入ったと結んだ。

真珠湾攻撃は「騙し討ち」ではない！

三国同盟関係の反証は六月十九日に終わり、法廷は六週間の夏休みに入った。だが、弁護団には夏休みがなかった。弁護団はこの休暇を利用して毎週火曜と金曜の両日、全被告を巣鴨から市ヶ谷に出頭させて、太平洋戦争部門と個人立証部門の打ち合わせに没頭していたのである。

その夏休みが終わり、法廷は八月四日に再開された。弁護側は「太平洋戦争に関する事項」の反証は、①日本はいかに戦争に追い込まれたか。②真珠湾攻撃は「騙し討ち」ではなかった。この二点に絞って反証を展開した。

日米交渉から開戦にいたる外交交渉の反証ではブレイクニー弁護人が立ち、膨大な量の書証と電報を証拠として提出したが、証人は元外務省欧米局長の山本熊一氏だけだった。そして一九四一年十二月八日の日米開戦にい

上は裁判の休憩時間に、待合室で東条被告と裁判でそれぞれの異なった部分について話し合う元海相の嶋田被告（11月13日）。下は法廷の昼食時間に、米兵用の食事皿に盛りつけられた昼食をとる被告たち。左から岡、賀屋、大島の各被告（11月14日）。

暗号解読など謀略も交えて日米代表が開戦をめぐって火花を散らした当時の米国務省（右上）。ハル国務長官との会見を終えて米国務省を出る野村吉三郎駐米大使（上）。

たる日本側の証言を行った。

　続く真珠湾攻撃に関する反証で、ブレイクニー弁護人は強烈な証人を押し立ててきた。かつて検察側立証でヒギンス検事が「騙し討ち」（トレッチャラス・アタック）と糾弾してきただけに、「奇襲ではない！」と逆襲に出たのである。その証人とは、ルーファス・ブラットン陸軍大佐。開戦当時ワシントンの陸軍省作戦局軍事諜報部極東課長として、傍受・解読された日本の外交電報などを見ることができる立場にあった。そして裁判時は連合国軍総司令部民間諜報局（CIS）の局長代理として東京にいた人である。

　ブラットン大佐は、日本の「最後通牒」電報解読後の米政府の動きを生々しく証言した。朝日新聞法廷記者団の『東京裁判』を参考に、証言内容を概略すると次のようだった。

「十二月三日、東京から日本大使館と領事館にあて、暗号書と文書を破棄するよう命令が発せられたのを電報傍受によって知り、補佐将校の一人を大使館にやってみると、後庭で文書を焼却していた。ただちにこの事実を軍事諜報部長マイルズ将軍と作戦局作戦計画部長ジェロウ将軍に報告した。日本が暗号簿を破棄するにいたった意味を両将軍と話し合い『これは少なくとも外交関係の断絶か、おそらくは開戦を意味している』との意見一致をみた。

　十四部に分かれた東京からの最後の電報は、最初の部分だけが六日夕刻、十三本は午後九時から十時までの間に受領した。国務長官に届ける分は、夜十時すこしすぎに国務省に届けた。自分はまた電話でマイルズ将軍にその内容を知らせたが、将軍はすでにその十三本の電報を見たとの話だった。第十四本目の電報が陸軍省に届けられたのは十二月七日（日）の朝、八時十五分から三十分前後の間だった。それは即刻、自分の補佐官が国務省に届けた。その電報に収められた覚書を午後一時国務省に手交するよう命じてきた電報は、七日朝九時ごろだった。それはマイルズ将軍、ジェロウ将軍、およびマーシャル参謀総長に報告した。

　十一時二十五分、両将軍と私は参謀総長室

昭和16年12月8日（米時間7日早朝）、米海軍基地真珠湾の奇襲攻撃に成功し、碇泊している米戦艦群に攻撃を加える連合艦隊機動部隊の97式艦上攻撃機。

でマーシャル将軍と会見し、十四本の電報全部と午後一時手交方指令の電報が読まれた。午後一時手交の意義について、意見の一致をみたことは、『これは午後一時か、あるいは一時すぎて日本が太平洋中の米国側施設のいずれかに向かって敵対行動をとることを意味する』というにあった。マーシャル将軍は、そこでスターク海軍作戦部長に相談ののち、ハワイ、フィリピン、パナマその他太平洋中の米軍前哨基地に送る警告電報を書いた」

このようにアメリカの政府と軍は、日本の攻撃開始を十分に予測していた——これが弁護側の主張であった。

さらにブレイクニー弁護人は、日本政府は正当な手続きをとろうとしたが、駐米日本大使館の暗号解読文の文書作成が技術上の問題で遅延してしまったことを証明するため、二人の証人を登場させた。一人は当時外務省電信課長だった亀山一二氏で、もう一人は来栖三郎大使の随員として駐米大使館にいた結城司郎次氏である。そして駐米大使館の手交文書作成がいかに遅れてしまったかを話した。

法廷は静まりかえっていた。証人たちの話す内容は、あまりにも衝撃的であり、ドラマチックすぎる内容だったからだ。

外交関係の反証が終わった法廷は、日本の陸海軍の反証に入り、真珠湾攻撃の指揮官たちや南方攻略の作戦立案者らが次々と証人台に立ち、戦いは正規の戦争であったことを証言した。

個人立証で見せた被告たちの人間像

一般段階の反証が終わり、一九四七年九月十日から個人段階の反証に入った。個人の反証は荒木貞夫被告を筆頭にアルファベット順に行われたのだが、この個人立証では被告によってさまざまな動きが見られた。被告同士の対立も次第に目立ってきた。ことに軍人被告と文官被告の対立は厳しさを増してきた。

個人立証では被告自身が証人台に立って自己弁護することを許されていたが、実際に立ったのは十六名で、土肥原、畑、星野、平沼、広田、木村、佐藤、重光、梅津の九被告は自ら証言はせず、証人の証言と書証のみで反証を行った。朝日新聞の法廷記者たちは、こうした被告たちを大きく四つのタイプに分けている。

「こうした動きを通してみると、被告たちの間にいろいろ異なったいき方があることがわかる。ひとつは荒木、松井、嶋田など、自分の生涯に道徳的なひとつの信念を持っており、この生涯の志としたところを法廷でのべ、責任は潔く甘受していくという態度であり、そのかわり自分の念頭にない罪名を押しつけられることは拒否するという態度である。橋本、岡の反対尋問で現れた態度もほぼ同様であるが、橋本くらい過去の言説を否定しなかった人もめずらしい」

「もうひとつの流れは、板垣、武藤のように日本がこれまで公表してきた態度を自己の態度として、検察側の訴追を真っ正面からつっぱねていった人たちである。小磯、大島などもこの部類の人であるが、小磯は地味で、板垣などと比較してはるかに態度がやわらかく、案外の事務的才能をひらめかした。大島は、ドイツ側証拠を相当反駁したが、終始なんとなくきっぱりしたところが感じられなかった。

さらにもうひとつの流れは、南、畑、平沼、広田などの人々にみられるように大体ほとんど弁護人まかせで、いっこうにみずからの意欲を表面に出さない人々である。この中には、

『自分には責任はありますよ』

と、いつも責任感をもらしている広田のような人、平沼被告のようにまったく無感動の人、重光被告のように訴訟技術上出る必要なしとしている人々など、いろいろの型はあるが、この法廷で積極的な意欲をしめさない点では共通していたようだ」（朝日新聞『東京裁判』）

そして星野、賀屋、木村、白鳥、佐藤の各被告たちは「それぞれ一人一様のいき方をみせていたが、この中で一人まったく独自の立場を強烈にしめしたのは木戸であった」と記している。

ところで、被告たちが自分の無罪獲得のため、あるいは刑の軽減のために努力するのは当然の権利であるが、もうひとつ、この個人立証で注目されたのは「天皇と戦争犯罪」の問題だった。すなわち、昭和天皇の戦争責任問題である。このときアメリカ政府と連合国

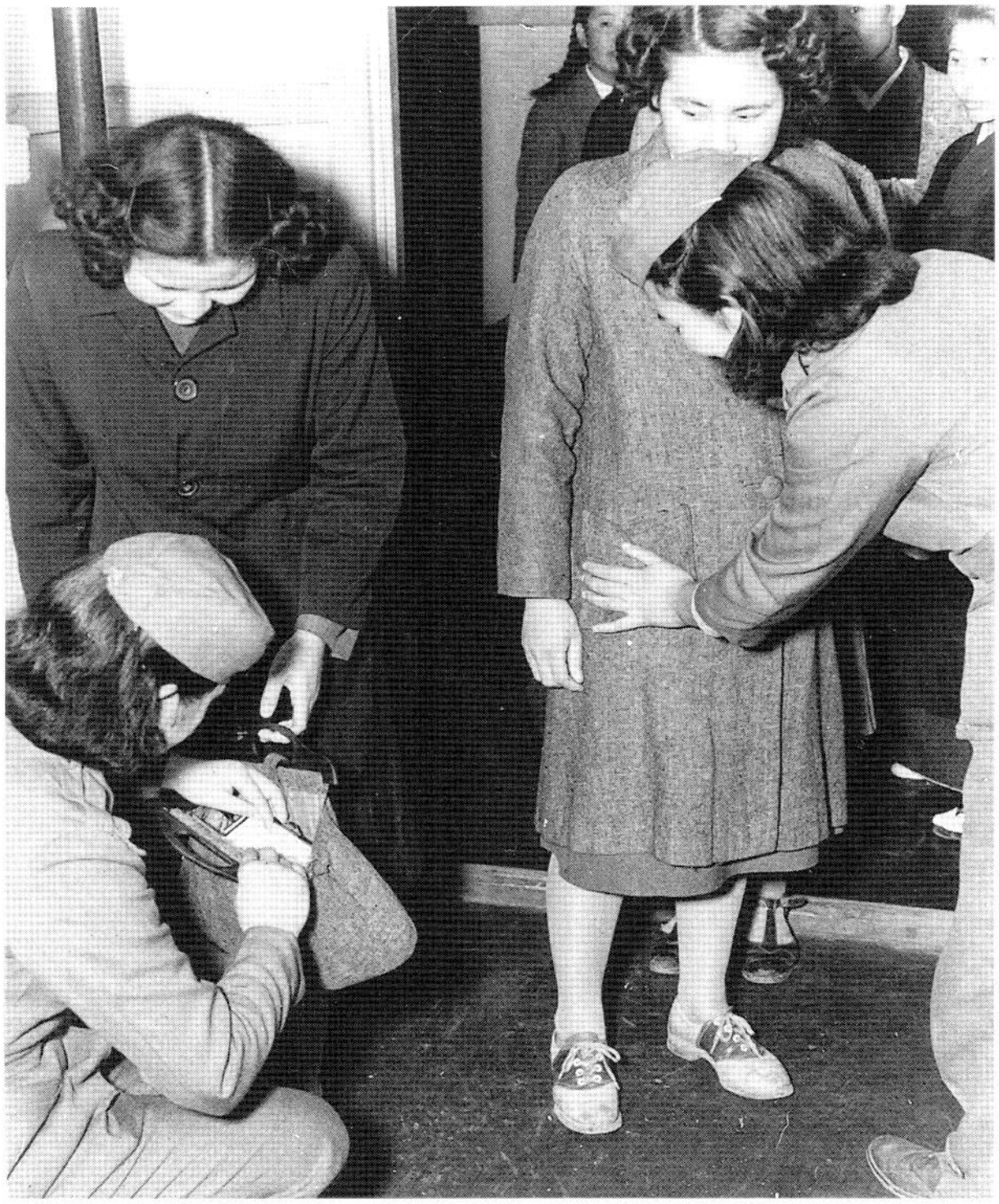

市ヶ谷法廷の傍聴人の身体検査をする日本の婦人警官。これまで女性傍聴人の検査は女性米兵が行ってきたが、新しく婦人警察官が誕生し、さっそく任務に就いたもの（11月20日）。

独身だった平沼騏一郎男爵の兄弟の孫娘である平沼せつこさんが、大叔父の弁護のために証人台に座った。

「案外の事務的才能をひらめかした」といわれる小磯国昭元首相の個人反証（左上）。左中は、個人反証で「戦争を主張したのは東条、鈴木、嶋田である」と証言、海軍側の嶋田などと激しく対立した元外相の東郷被告。左下は、その一人鈴木貞一被告の個人反証。

最高司令官ダグラス・マッカーサー元帥は、すでに天皇の戦争責任は問わない決意を固めており、その意向は密かにキーナン首席検事にも伝えられていた。しかしソ連や中国の判事などは天皇を法廷に立たせよと主張しているし、ウェッブ裁判長も個人的には「天皇戦犯」の同調者の一人と見られていた。

　それだけに、キーナンにとって個人立証はなにより大事だった。被告たちに天皇を戦犯に追い込むような言動をさせてはならない。

できれば被告たちの口から、天皇に戦争責任はないということを語ってもらうのが一番いいのだが、そうすればその被告は自分に責任があるということになりかねない。よって被告たちが積極的に天皇無罪論を供述する可能性は低い。それならば、なんとか被告たちを誘導尋問して、天皇に戦争責任はないということを証言させなければならない――キーナンはそう考えたのである。

　証言者は大物被告がいい。昭和天皇の側近だった木戸幸一被告は、その有力な候補者だった。

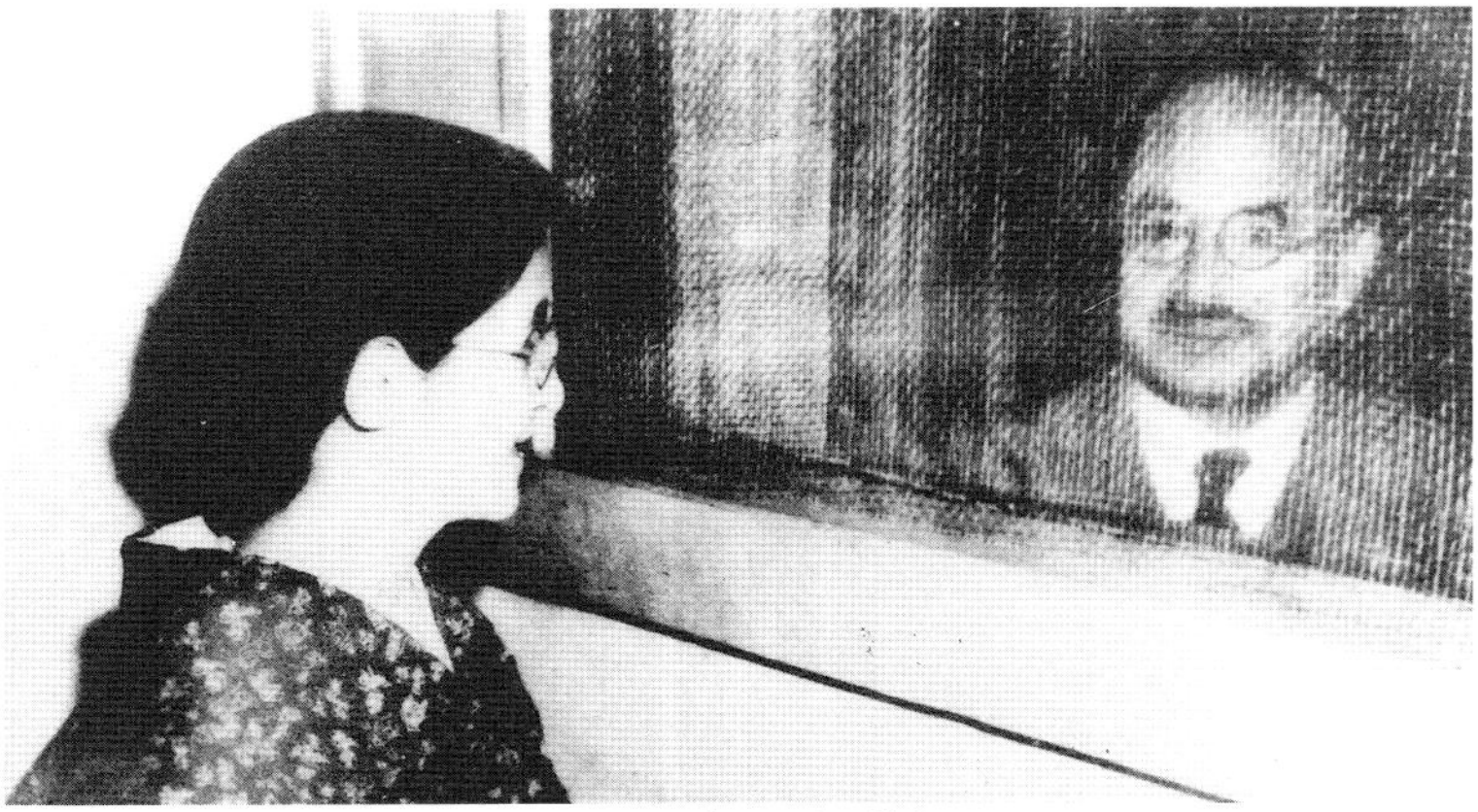
裁判の休憩時間に二重の金網越しに夫人と面会する木戸被告。

ウェッブ裁判長の突然の一時帰国で、裁判長を代行する米代表クレーマー少将。

キーナン、木戸証言に期待したが

木戸幸一被告の反証は十月十四日にはじめられた。すでに法廷では、この裁判が開廷される前に検察側が手に入れた『木戸日記』によって、多くの被告たちが問いつめられていたから、いままた法廷で朗読される木戸の口供書(木戸証言)は注視の的になっていた。

　日記をもとに書かれた木戸の口供書(宣誓供述書)は日本文で三百七十二頁という膨大なもので、昭和六年の三月事件から昭和二十年八月の終戦にいたるまでの間、いかに軍国主義者と戦い、そして政治的にはいかに無力であったかなどを述べて、自分の無罪を主張したものだった。当然、他の被告たちの言動や行動もリアルに表現されており、一種の暴露モノとも取れる内容であった。木戸口供書は事前に各弁護人にも配布されていたから、なかには怒り心頭に発していた弁護人や被告も少なくなかった。

　ローガン弁護人による木戸口供書の朗読は十六日の午後二時四十五分までかかり、そのあと十名の弁護人が直接尋問と反対尋問を行った。

「一被告の口供書をめぐって、このような補充尋問が各被告から浴びせられたことははじめてで、この口供書の信憑性に頼ろうとする人、信憑性を減殺しようとする人など、被告間の深刻微妙な相剋《そうこく》は注目にあたいするものがあった」(朝日新聞『東京裁判』)

　検事の反対尋問はキーナン首席検事が自ら

昭和22年12月26日午後、法廷は注目の東条英機大将の反証に入って緊張感がみなぎった。この日、東条被告を検査した米軍の記録には「身長5フィート4インチ、体重130ポンド、所持金970円」とある。

行った。キーナンは①木戸が戦ったと称する軍国主義者とは、ある時代には気脈を通じていたのではないか。②政治にはほとんど無関係であったと称しつつ、実際はこうした舞台の裏で大きな政治力を行使していたのではないか。③ある場合には自分の責任を逃れるために天皇に責任を転嫁しているのではないか。④戦争と平和を中心とする軍事外交についての天皇の権限の限界、などについて尋問していった。

先にも記したように、キーナンの反対尋問の裏には、なんとか木戸の口から天皇の戦犯問題にけりをつけるような証言を引き出そうという意志が働いていた。しかし慎重で、優等生の返答を繰り返す木戸の口から、天皇無罪の言動は引き出せなかった。キーナンはあせっていた。

証人台に立つ東条被告

木戸被告に次いで小磯、松井、南、武藤、岡、大島、佐藤、重光、嶋田、白鳥、鈴木、東郷と個人立証が続いていた。その最中の十一月七日、ウェッブ裁判長の一時帰国が突然発表された。理由は「オーストラリア最高裁判所の事務処理のため」という。そして不在中の裁判長は、ジョン・P・ヒギンズ判事と交替した米代表判事M・クレーマー少将が代行するという。

カニンガム弁護人はすかさず抗議した。連合国によって構成された法廷の裁判長が、国際的な義務よりも自国の仕事を優先させるのなら辞職するべきである、と。だが、当時の噂では、ウェッブ帰国の理由は別にあったらしいという。

日本が独立を取り戻した昭和二十六年（一九五一）から連載をはじめ、その後加筆して刊行された毎日新聞の『占領秘録』によれば、キーナン検事や日本側はウェッブ裁判長が職権で天皇に出廷を求めるかもしれないという不安がつきまとっていたといい、こう記している。

「（ウェッブ裁判長は）キーナン検察官とは、法廷でも時々、天皇問題についての対立をみせたことがあった。もともと豪州その他には天皇を戦争犯罪に問おうとする意図があったし、ウェッブ自身もそういう意見だったからである。もしソ連や中国の裁判官から、天皇を法廷に証人として召喚されたい、という要求があれば、彼はそれに賛成してやりかねまじかった。米英としても、ウェッブ裁判長には、気をくばっていたようである」

　そのウェッブが、突然「豪州首相から帰国せよという電報を受けとった」からと帰国したのは、「米英の圧力が加わったのではないか、という見方が行われている」（『占領秘録』）と結んでいる。

　また別の噂では、キーナンの要望でマッカーサー筋から米政府に要請が出され、米政府からオーストラリア政府に〝ウェッブ工作〟が依頼されたともいわれている。

　そのウェッブ裁判長が戻ってきたのは一カ月後の十二月十二日だった。法廷では東郷元外相の反証が行われていたが、それも十二月二十六日の午前中に終わり、午後からはいよいよ注目の人・東条英機大将の反証に入った。東条証言を予期して記者席は内外の報道関係者で埋めつくされていた。二階の傍聴人席には東条夫人勝子さんが初めて姿を見せていた。

　まず清瀬弁護人の冒頭陳述があり、ＭＰに案内された東条被告が証人台に登った。国民服を着た東条が形式どおりの宣誓をし、ブルーエット弁護人が口供書の朗読を開始した。この日は金曜日だったので、土・日は休廷だから、朗読が終わるのは三十日火曜日の午後になるとみられた。

　清瀬弁護人は冒頭陳述で、東条口供書は「便宜上事件発生の年代順に、重要な事項は次の七点に要約される」と予告していた。その七点とは次のような内容である。
①日本はあらかじめ米英蘭に対する戦争を計画し、準備したものではない。
②対米英蘭の戦争は、これらの国々に誘発されたもので、わが国としては自存自衛のためやむを得ず開始されたものである。
③日本政府は合法的開戦通告を攻撃開始前に必ず米国政府に手交するため、周到な注意をもって手順を整えていた。
④日本が企図していた大東亜政策の基本は、第一に東亜の解放、次に東亜の建設に協力することである。
⑤いわゆる「軍閥」という有形無形の勢力は存在していなかった。
⑥旧憲法では陸海相を含む国務大臣は、統帥に干渉する権限はなかった。そこで両者の協議をはかるために連絡会議、御前会議、最高戦争指導会議が発生した。
⑦東条の行った軍政の特徴は、統帥と規律にあった。
　東条口供書は、東条が昭和十五年七月二十六日に第二次近衛内閣の陸相になってから、同十九年七月二十六日に東条内閣を投げ出すまでの四年間について、自らの「政治的活動期」をつづったもので、木戸口供書ほどではないが、全文二百二十頁に達する長文だった。東条自身が四月以来執筆し、稿を改めること四回におよんだ。これを清瀬弁護人が英訳し、さらにブルーエット弁護人が校閲をしたもので、完成したとき東条は「これでもう思い残すことはない」と言ったという。

　だが内外マスコミの東条口供書評は厳しかった。朝日新聞は「戦争の罪を銘記せよ」という社説を掲げ、「東条口供書はすぎさった悪夢のような旧日本の政治の非合理性の醜悪さをみずから暴露するものである」と斬り捨て、ニューヨーク・タイムズは「強盗の論理」だと決めつけた。

功を奏したキーナンの東条工作

　東条口供書が朗読されている間、キーナンは二つのルートで〝東条工作〟を開始した。天皇に戦争責任はないことを明言してもらうためである。ひとつは畑被告担当の神崎弁護人と組んで、東条を直接説得してもらうルートで、もうひとつはＧＨＱ民政局長のホイットニー少将を通じて米内光政海軍大将に動いてもらうルートだった。事態を憂慮した米内は、米内内閣の書記官長だった石渡荘太郎に相談し、石渡は木村被告担当の塩原弁護人に東条への面会と説得を頼んだ。

東条説得は二つのルートとも成功した。神崎は巣鴨プリズンの面会室で東条に会い、「陛下はいやいやながら米英との開戦を認めた」旨の証言をすると確約をとり、塩原も「陛下にご迷惑のかかるような答弁はしない」という返答を得た。

ところがそんな矢先、キーナンにとって思わぬ大事件が起きた。東条口供書の朗読が終わり、弁護側の尋問が行われていた十二月三十一日の午前、木戸被告担当のローガン弁護人が反対尋問のなかで、こう聞いた。

「天皇の平和ご希望に反して、木戸がなにか行動したり進言した事例を、ひとつでも覚えていますか？」

東条反証で記者席は内外の報道陣で埋めつくされ、2階の一般傍聴人席も満員だった。その傍聴人席には東条勝子夫人も初めて姿を見せていた（12月26日）。

休憩中に東条被告と顔を合わせるブルーエット弁護人と清瀬一郎弁護人（12月31日）

東条はきっぱりと答える。

「そういう事例は私の知るかぎりない。のみならず、日本国の臣民が、陛下のご意思に反して、あれこれすることはあり得ぬ。いわんや日本の高官においてをや」

キーナン首席検事をはじめ、この東条証言を聞いた何人かの関係者は、背筋がぞくっとするのを覚えた。すなわち、日本国民が天皇の意思に反するような行為をするはずはないということは、開戦も天皇の意思に従ったものということになる。

東条証言に満足したローガン弁護人が「これをもって木戸公のための尋問を終わります」というのと同時に、ウェッブ裁判長が同弁護人に言葉を投げた。

「あなたは、ただいまの回答がどういうことを示唆しているか、おわかりでしょうね」

ウェッブは、弁護人であるローガンに「開戦は天皇の意思で決定された」ことを東条被告が認めたことになるのだぞと、宣言したのである。

法廷が終わるのを待ってキーナンは対策に奔走した。田中隆吉少将を呼び寄せ、山崎晴一秘書を交えて知恵を絞った。東条に今日の発言を取り消させる内容の証言を、なんとしてもさせなければならない。結局、三人が行き着いたのは、木戸被告の令息孝彦氏（木戸被告の補佐弁護人）が東条に面会し、キーナンの反対尋問のときに〝訂正証言〟をしてもらうよう説得することだった。

法廷は昭和二十三年の元日だけを休み、二日から開廷されていたが、キーナンのもとに東条工作成功の報せが届けられたのは五日の夕方だった。

東条被告に対するキーナン首席検事の反対尋問は、大晦日の十二月三十一日から続けられていたが、いよいよその時がきた。

一月六日午後の法廷は一時三十分に開廷された。冒頭は満州国承認問題の質疑だったが、キーナンはさらりと問題の質問に入った。

キーナン　さて一九四一年、すなわち昭和十六年の十二月当時において、戦争を遂行するという問題に関しまして、日本天皇の立場およびあなた自身の立場の問題、この二人の立場の関係の問題、あなたはすでに法廷に対して、日本天皇は平和を愛する人であるということを、前もってあなた方に知らしめてあったということを申しました。これは正しいですね。

東条　もちろん正しいです。

キーナン　そうしてまた、さらに二、三日前にあなたは、日本臣民たるものは何人たりとも、天皇の命令に従わないというようなことを考える者はいない、ということをいいましたが、それも正しいですか。

東条　それは私の国民としての感情を申し上

キーナン首席検事の苦肉の〝誘導尋問〟に応えて、さりげなく、かつ巧みに答えて「天皇問題」をクリアする東条被告。

げておったのです。責任問題とは別です。天皇のご責任とは別の問題。

キーナン　しかしあなたは、実際合衆国、英国およびオランダに対して戦争をしたのではありませんか。

東条　私の内閣において戦争を決意しました。

キーナン　その戦争を行わなければならないというのは――行えというのは裕仁天皇の意思でありましたか。

東条　意思と反しましたかしれませんが、とにかく私の進言――統帥部その他責任者の進言によって、しぶしぶご同意になったというのが事実でしょう。しかして平和のご愛好の御精神は、最後の一瞬にいたるまで陛下はご希望をもっておられました。その御意思の明確になっておりますのは、昭和十六年十二月八日の御詔勅のなかに、明確にその文句が付け加えられております。しかもそれは陛下のご希望によって、政府の責任において入れた言葉です。それはまことにやむを得ざるものなり、朕の意思にあらざるなりというふうな意味のお言葉があります。

キーナンは「これでよし」と思ったに違いない。東条の答えは満点に近かったからだ。

東条大将への反対尋問は翌六日の午前で終わり、個人立証は最後の被告梅津美治郎大将に移った。梅津の立証は正味二日間、一月八日午前に終わり、ここに十一カ月間におよんだ全被告の個人立証が終わった。

この夜、ウェッブ裁判長とキーナン首席検事はマッカーサー司令官から東京・日比谷の連合国総司令部（GHQ）に呼び出された。そして二人から東条証言の経過を聞いたマッカーサーは、正式に昭和天皇の不起訴を決定したという。

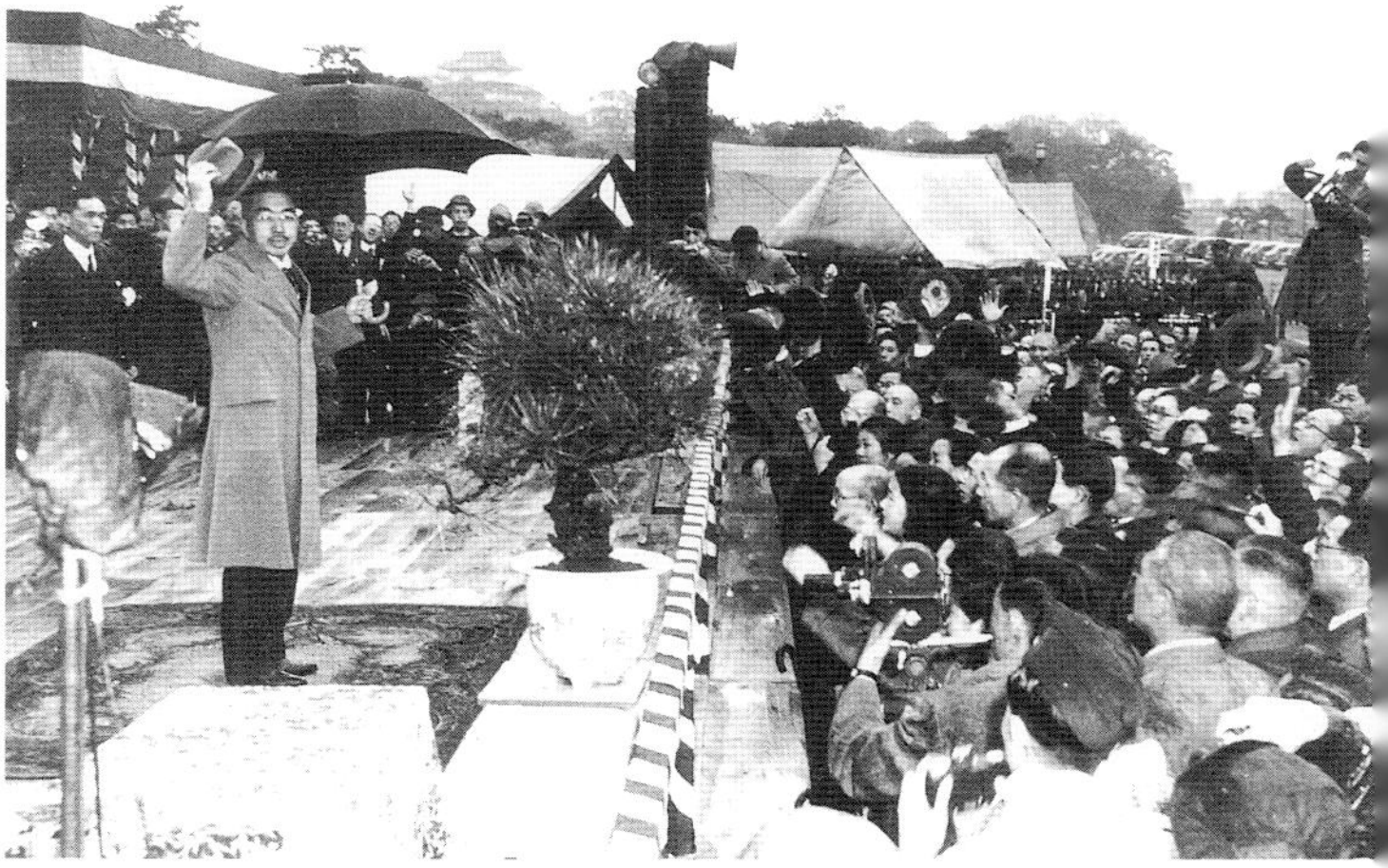

冷戦突入でホワイトハウスにとっても、日本の占領統治を円滑に推し進めたいマッカーサー司令部にとっても、日本の天皇は欠かせない存在になっていた。戦争に負けたとはいえ、昭和天皇に対する日本国民の人気は根強かったからである。右上は昭和22年5月3日、皇居外苑で催された憲法記念日の式典で気軽に手を振る天皇。右下は昭和23年10月8日、都内の福祉施設を視察された天皇・皇后両陛下。

第7章 論告と最終弁論

分裂した被告弁護団の一般弁論

被告には「人類の知る最重刑」を

被告、弁護人、検事が入れ替わり立ち替わり登場しては質疑をやり合った個人立証が終わり、法廷は静けさを取り戻していた。これからはじまろうとしている検察側の最終論告と弁護側の最終弁論は、それぞれ論告書と弁論書の朗読である。すでに裁判は個人立証で山場を越したのだった。

検察側の最終論告は昭和二十三年二月十一日午前九時三十五分からキーナン首席検事の序論の朗読ではじまり、三月二日の午後二時四十五分まで、実質十四日間にわたって行われた。紀元節（現在は建国記念日）だった二月十一日、キーナンは〝大日本帝国の犯罪〟を断罪する最終論告序論を次のような言葉ではじめた。

「これから論告いたします。法律の古い制度から言葉を借りて申すならば、我々は『門を閉じる』時刻に達したのであります……」

この序論のなかで、キーナンはいっている。

「被告たちは全員が無罪を主張して、自らの責任を認めようとはしない。日本を戦争の深《しん》淵《えん》に投げ込んだ被告たちは、ひとたび法廷に立たされるや、一様に『戦争を起こすことは欲していなかった』といい、その権威、権力および責任の所在を否定することができず、侵略戦争を継続し、拡大した政策に同意した事実を否定できなくなるや、今度は『他に選ぶべき途《みち》がなかった、これらの行為は日本国内に内乱の起こるのを防止し、あるいは国家的自殺を避けるために余儀なく執《と》ったものであった』と主張している。

日本国民は被告たちに徹底的に支配され、

終戦後3度目の満開を迎えた市ヶ谷台の桜の下を出る被告護送バス。

昭和22年の大晦日の午後、憲兵隊長ケンワージ中佐のはからいで、被告全員が法廷の大玄関に勢ぞろいして記念撮影を行った。左端がケンワージ中佐。

一般国民から最高の権威者にいたるまで、八千万国民のなかで誰一人として言論の自由も思想の自由もなく、まったく無責任な軍国主義者の恐喝政治の下に置かれていた」

さらにキーナンは中国大陸への派兵を「侵略」と断言した。

「侵略戦争とは何であるかということについて完全な定義を下すことは困難であるが、ある行為が、その性質上侵略的であるか防衛的であるかのだいたいの基準を立てることはできる。満州および中国で大軍を駆使したことは、正義のいかなる概念のもとにおいても、これを自己防衛という理由によって許容することはできず、明らかな侵略行為である」

そしてキーナンは、このような犯罪を実行した被告たちは「人類の知る最重刑」に値すると締めくくった。人類の知る最重刑とは、もちろん「死刑」である。

キーナン首席検事の序論のあとを受けてイギリス代表のコミンズ・カー検事の起訴状、アメリカのソリス・ホルウィッツ検事の一般論告が読まれ、二十五被告の個人論告に入った。個人論告は荒木被告を先頭にアルファベット順に、合計二十一名の検事によって行われ、三月二日午後二時十五分に終わった。

準備不足だった最終弁論

検察側の最終論告後、十五分の休憩をはさんで最終弁論に入った。検察の論告は一般論告に七日、個人論告もアルファベット順に七日間ときわめて整然と行われたが、弁護側は相対的な人手不足と、被告（弁護人）間の対立なども重なり、一般弁論中の事実論の部では準備不足のため予定の順番に間に合わないものも出るなど、かなりの混乱ぶりだった。

個人弁論もまちまちで、荒木被告の弁論書などは英文で四百十七頁もあり、朗読に二日以上もかかったし、佐藤被告の場合などはわずか二十三頁、朗読時間四十分足らずというのもあった。そのため一般弁論の朗読は八日間だったが、個人弁論には二十四日間もかかってしまった。

冒頭に行われた一般弁論の総論は、弁護団長の鵜沢総明弁護人が行ったが、その基本的主張は冒頭弁論と変わらなかった。

「満州事変、支那事変及び大東亜戦争はそれぞれ別々の原因によって発生したもので相互の関連性はなく、かついずれの場合とも、相手国の挑発行為により、日本は自衛のためやむなく立ち上がったものでなんら侵略的意図はなかった、との線でその主張を進めると共に、国家政府の一員として行動した被告達には国際法上の個人責任はない、と全被告の無罪論を展開している」（冨士信夫著『私の見た東京裁判』）

この鵜沢弁護人の一般弁論でも垣間《かいま》見られるように、日本人弁護団の基本方針は国家弁護におかれていた。しかし、被告・弁護人のなかには個人弁護を優先する人たちもおり、弁論の内容をめぐってお互いが非難合戦的現象さえ生んでいた。また、鵜沢弁護人の総論に次いで、一般弁論のなかの法律論の部を行った高柳賢三弁護人の弁論に対しては、橋本被告担当の林逸郎弁護人と、松井被告担当の伊藤清弁護人は「不参加」を表明した。理由は「従前から、高柳弁護人と橋本、松井両被告担当の林逸郎、伊藤清両弁護人とは感情の疎隔《そかく》をきたしていた」（『私の見た東京裁判』）からといわれている。

さらに個人弁論をめぐっては、各弁護人間に激しい応酬が展開された。朝日新聞法廷記

最終論告をするキーナン首席検事。

一般論告を行うソリス・ホルウィッツ検事と打ち合わせをするキーナン首席検事。

最終弁論の総論朗読を行う鵜沢総明弁護団長。

傍聴人席の娘さんたちに視線を走らせる広田被告(前列右から二人目)。

広田被告の次女・美代子さん(左)と三女の登代子さんは父の裁判を1回も欠かさずに傍聴していた。また広田被告との愛情が深かった静子夫人は、判決言い渡し半年前の5月18日夜、藤沢の自宅で服毒自殺をしている。

者団は『東京裁判』に書いている。

「弁論の内容については、橋本弁論にあたって、林弁護人が、木戸被告をはじめいわゆる宮廷重臣派を攻撃し、『日本の政権は牧野、西園寺がろう断した』と、木戸、原田日記に反撃し『橋本は一個の日本男子で、責任逃れはやらぬ』といわゆる日本主義者流のタンカを切ったこと。伊藤清弁護人がほぼ同じ流れで、孟子の一句『百万人といえどもわれ往かん』をあげて、大アジア主義者としての松井の信念は不動であると強調したこと。

これに対し、ローガン弁護人は木戸弁論にあたり、全被告中ただ一人とくに減刑弁論を行い、慎重を期したこと、ブレイクニー弁護人が、東郷弁論にあたり、軍部、嶋田、木戸攻撃を痛烈に行い、軍部被告と、外務省派の間にはっきり一線を引いて判断すべきだと主張したことは注目された。個人弁論は、この裁判も最初からそうであったように、最後までこのように被告間の深刻な対立抗争に終わった」

こうしてガタピシしながらも、四月十五日午後二時四十分過ぎ、ブレイクニー弁護人の梅津弁論を最後に、弁護側の最終弁論が終わった。

法廷はこのあと十五分の休憩をはさんで再開され、タベナー検事が検察側回答の朗読をはじめた。検察側回答というのは、最終弁論に対する補足の反駁論告といったものである。

この回答朗読は翌十六日の閉廷時刻を過ぎた五時十一分まで続いた。


タベナー検事の朗読を待っていたかのように、ウェッブ裁判長がマイクに身を乗り出した。

そして、

「当裁判所は判決を留保し、追って指示するまで休廷」

と宣するや、さっと退廷していった。


昭和二十一年五月三日に開廷してから七百十五日、四百十六回の公判を重ねた東京裁判＝極東国際軍事裁判の審理はここに終わりを告げたのである。残るは判決だけである。

「モーニング姿の荒木が、微笑をふくんでつっ立ち、左足でトントン足拍子をとりながら、このざわめきをみつめているのが印象的だった。広田が、傍聴席の娘へ大きく手を振って消えていった。小磯、大島、橋本のしんがり組は、顔もあげず仏頂面で消えていった」（朝日新聞『東京裁判』）

▲「人類の知る最重刑」を求刑して論告を終わり、ほっとした国際検察団（4月15日）。

▼注目の東京裁判の最後の場面を撮影する映画とニュースのカメラマンたち（4月15日）。

被告訴因一覧表

区分	訴因	被告名	荒木	土肥原	橋本	畑	平沼	広田	星野	板垣	賀屋	木戸	木村	小磯	松井	南	武藤	岡	大島	佐藤	重光	嶋田	白鳥	鈴木	東郷	東条	梅津
平和に対する罪	共同謀議	1～5	●	●	●	●	●	●	●	●	●	●	●	●	●	●	●	●	●	●	●	●	●	●	●	●	●
平和に対する罪	国際法違反	6～17	●	●	●	●	●	●	●	●	●	●	●	●	●	●	●	●	●	●	●	●	●	●	●	●	●
平和に対する罪	開戦 対中国	18	●	●	●		●			●				●		●					●					●	●
平和に対する罪	開戦 対中国	19	●	●	●	●	●	●	●	●	●	●			●		●							●		●	●
平和に対する罪	開戦 対米	20		●			●	●	●		●	●	●				●	●	●	●		●		●	●	●	
平和に対する罪	開戦 対比	21		●			●	●	●		●	●	●				●	●	●	●		●		●	●	●	
平和に対する罪	開戦 対英	22		●			●	●	●		●	●	●				●	●	●	●		●		●	●	●	
平和に対する罪	開戦 対仏	23	●	●			●	●	●	●		●					●				●					●	
平和に対する罪	開戦 対タイ	24		●			●	●	●		●	●	●				●	●	●	●		●		●	●	●	
平和に対する罪	開戦 対ソ連	25	●	●		●	●	●	●	●		●			●						●			●	●		
平和に対する罪	開戦 対ソ連	26	●	●		●	●			●		●		●	●		●							●	●	●	●
平和に対する罪	遂行 対中国	27	●	●	●	●	●	●	●	●	●	●	●	●	●	●	●	●	●	●	●	●	●	●	●	●	●
平和に対する罪	遂行 対中国	28	●	●	●	●	●	●	●	●	●	●	●	●	●	●	●	●	●	●	●	●	●	●	●	●	●
平和に対する罪	遂行 対米	29	●	●	●	●	●	●	●	●	●	●	●	●	●	●	●	●	●	●	●	●	●	●	●	●	●
平和に対する罪	遂行 対比	30	●	●	●	●	●	●	●	●	●	●	●	●	●	●	●	●	●	●	●	●	●	●	●	●	●
平和に対する罪	遂行 対英	31	●	●	●	●	●	●	●	●	●	●	●	●	●	●	●	●	●	●	●	●	●	●	●	●	●
平和に対する罪	遂行 対オランダ	32	●	●	●	●	●	●	●	●	●	●	●	●	●	●	●	●	●	●	●	●	●	●	●	●	●
平和に対する罪	遂行 対仏	33	●	●			●	●	●	●		●					●				●					●	
平和に対する罪	遂行 対タイ	34	●	●	●	●	●	●	●	●	●	●	●	●	●	●	●	●	●	●	●	●	●	●	●	●	●
平和に対する罪	遂行 対ソ連	35	●	●		●	●	●	●	●		●			●						●			●	●		
平和に対する罪	遂行 対ソ連	36	●	●		●	●			●		●		●	●		●							●	●	●	●
殺人の罪		37		●			●	●	●		●	●	●				●	●	●	●		●		●	●	●	
殺人の罪		38		●			●	●	●		●	●	●				●	●	●	●		●		●	●	●	
殺人の罪	真珠湾	39		●			●	●	●		●	●	●				●	●	●	●		●		●	●	●	
殺人の罪	マレー	40		●			●	●	●		●	●	●				●	●	●	●		●		●	●	●	
殺人の罪	香港	41		●			●	●	●		●	●	●				●	●	●	●		●		●	●	●	
殺人の罪	ペテレル号	42		●			●	●	●		●	●	●				●	●	●	●		●		●	●	●	
殺人の罪	比島	43		●			●	●	●		●	●	●				●	●	●	●		●		●	●	●	
殺人の罪		44	●	●	●	●	●	●	●	●	●	●	●	●	●	●	●	●	●	●	●	●	●	●	●	●	●
殺人の罪	南京	45	●		●	●	●	●		●	●	●			●		●							●			●
殺人の罪	広東	46	●		●	●	●	●		●	●	●			●		●							●			●
殺人の罪	漢口	47	●		●	●	●	●		●	●	●			●		●							●			●
殺人の罪	長沙	48				●						●		●			●				●					●	●
殺人の罪	衡陽・柳州	49				●						●		●			●				●					●	●
殺人の罪	桂林	50				●						●		●			●				●					●	●
殺人の罪	ソ連	51	●	●		●	●			●		●		●	●		●							●	●	●	●
殺人の罪	ソ連	52	●	●		●	●	●	●	●		●			●						●			●		●	
通例の戦争犯罪及び人道に対する罪		53		●		●			●	●	●	●	●	●			●	●	●	●	●	●		●	●	●	●
通例の戦争犯罪及び人道に対する罪		54		●		●			●	●	●	●	●	●			●	●	●	●	●	●		●	●	●	●
通例の戦争犯罪及び人道に対する罪		55		●		●			●	●	●	●	●	●			●	●	●	●	●	●		●	●	●	●
		計	38	49	30	41	49	45	45	41	43	54	39	35	35	26	51	39	39	39	37	39	25	49	44	50	39

第8章 スガモの芸術家たち

服役中の戦犯が描いた「スガモプリズン正面全景」

戦犯たちが記録した「スガモ」の素顔

四千人の涙に濡れた世紀の刑務所

スガモは「世紀のプリズン」といわれる。しかし、その「世紀」を単に二十世紀のみと見るのは誤りで、本当は人類の「全世紀を通して」というのが正しいかもしれない。それは全世界の大半を巻き込んだ大戦争も初めてなら

金網越しに覗いた巣鴨プリズン正面

雑居房の朝

持ち込み禁制本（ワイセツ本）も、オームのおかげで悠々と……

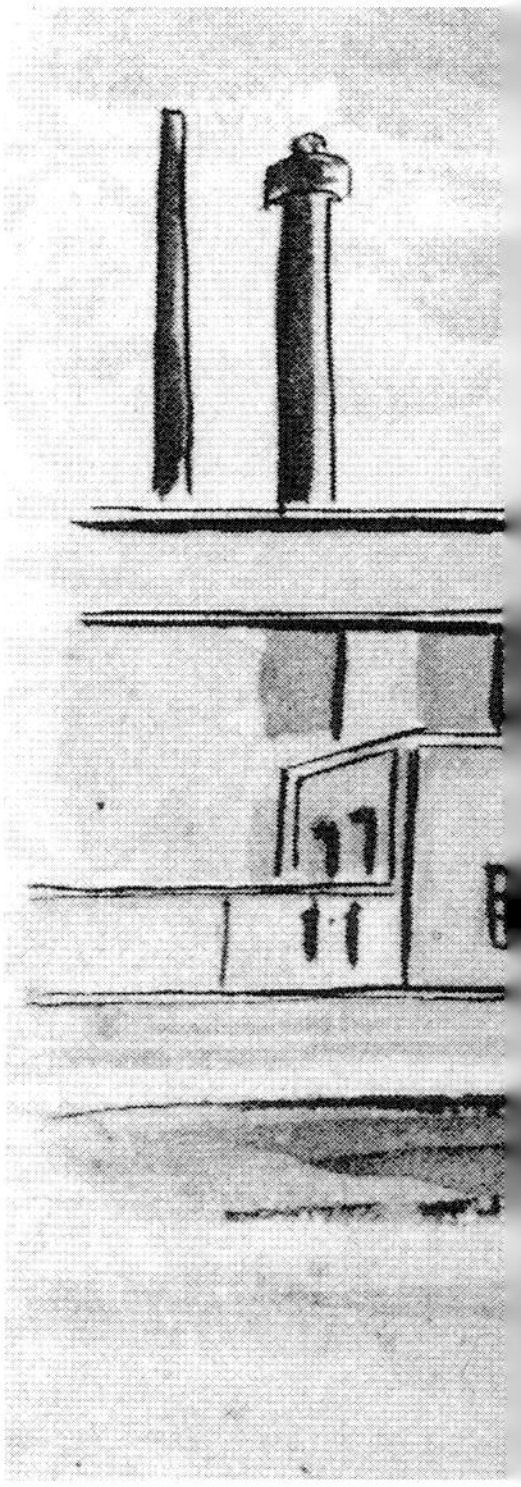

ば、戦後、戦勝国が何万という敗戦国の軍人や政治家を裁いたという事例もまた人類史上皆無だからだ。その裁きの裏方を演じたのが東京・豊島区巣鴨に設立された「スガモプリズン」だった。

現在、高層のサンシャイン60ビルが建っている場所にあった巣鴨プリズンは、昭和二十年（一九四五）十一月十四日、それまでの東京拘置所を接収した米軍が戦犯容疑者を収容し、戦争犯罪人の刑を執行するために開設したものである。東条英機元首相をはじめとするA級戦犯たちもこの巣鴨プリズンに入れられて市ヶ谷の軍事法廷に通い、BC級戦犯は横浜の米軍法廷を往復し、そしてここの特設絞首台で死刑に処せられていった。

巣鴨プリズンで初めて死刑が執行されたのは昭和二十一年四月二十六日だった。処刑されたのは福岡俘虜《ふりよ》収容所第十七分所（大牟田俘虜収容所）所長だった由利敬中尉で、昭和二十一年一月七日、日本国内のBC級戦犯を裁いた横浜法廷で、米軍捕虜一名を殺害し、一名を餓死させた罪を問われて死刑の判決を受け、絞首刑が執行されたのである。

以後、A級戦犯七名の絞首刑を含め、スガモで死刑になった戦犯は六十名を数えた。この六十名のうちの五十一名が、横浜地方裁判所内に設置された米第八軍管轄の軍事法廷で死刑を宣告された人たちだった。大半が俘虜

所内清掃班のご出発！

米　兵「二〇〇円でどう？」
女たち「ネバ、ハップン、三〇〇円」

収容所関係の軍人・軍属だった。このほか、三人の自殺と三十七人の病死を加えると、スガモを〝遺体で出所〟した戦犯はちょうど百名になる。

当初、巣鴨プリズンに収容されていた戦犯容疑者は国内で逮捕された人たちだけだった。それが、昭和二十一年九月に中国の上海から移管された戦犯容疑者の収容を皮切りに、その後アメリカをはじめ、中国、オランダ、フランス、イギリスなどが管轄している外地の戦犯収容所から続々と刑の確定者たちが送られてきた。

刑務所から出勤した戦犯たち

巣鴨プリズンはサンフランシスコ講和条約＝平和条約の締結によって昭和二十七年四月一日、その管理が米軍から日本側に移管された。同時に名称も「巣鴨刑務所」と改められ、日本人刑務官によって運営されることになった。戦犯たちは日本移管を機に釈放されるのではないかと期待に胸をふくらませたが、期待は裏切られる。

それは、平和条約の戦争犯罪裁判に関する条文（第十一条）によって、日本政府の独断では釈放ができないことになっていたからだ。条文では拘禁されている戦犯の減刑や釈放に関しては、その刑を言い渡した国の一ないし二以上の政府の決定と日本政府の勧告に基づく以外認められていなかったからである。また、A級戦犯など極東国際軍事裁判所によって刑を宣告された者は「裁判所に代表者を出した政府の過半数の決定及び日本国の勧告に基く場合の外、行使することができない」と規定されていた。

　だが、平和条約の調印によって念願の独立を取り戻した直後から、国民の間にあった戦犯釈放運動がいっそう強まり、巣鴨釈放委員会といった団体も結成された。こうした国民感情に配慮してか、日本政府は拘禁者の一時出所制を導入したり、所内での内職を認めるなどして、一般の刑法犯服役者との相違を打ち出した。

　また、選挙権も与えられ、昭和二十七年十月の衆議院議員選挙の際には所内で不在者投票まで行われるようになった。そして昭和二十八年二月からは「所外就職」も認められるようになり、刑務所から出勤するという、拘禁の有名無実化がはかられていく。同時に仮釈放で出所する人数も日を追うごとに増加し、スガモは次第に〝戦犯刑務所〟の色合いを薄めていくのである。

　スガモに最後まで拘禁されていたのは対アメリカ関係の戦犯十八名で、この〝最後の戦犯〟たちが仮釈放されたのは昭和三十三年（一

風呂場の清掃

自殺防止の青酸カリ検査
米兵「臭せいゾ！」

昭和23年11月12日、A級戦犯判決の朝、
スガモプリズンを出る戦犯護送バス

配　食
監視兵の米兵は手際のよい
配食に感心している。
貰ふ方も一人宛並んで乱れない

判　決
判決に茫然とする
家族と別れの言葉を交はすことも許されない

九五八）五月三十日だった。そして巣鴨プリズンは再び東京拘置所と名を変え、十二年七カ月におよんだ戦争犯罪裁判の裏方としての役割に幕を下ろしたのである。この間、スガモで暮らした人たちは四千人を超えている。

所内で能力を発揮したエリート集団

スガモは「特異な監獄」だった。その問われた犯罪の内容を別にすれば、収容されている囚人たちは国や軍のエリート集団だった。当然、学歴・教養とも当時の一般国民を上回っていたし、さまざまな才能の持ち主の集団でもあった。もし軍国主義の世に生まれていなかったなら、彼らは経済人の道を歩んでいたかもしれないし、あるいは学術・文化の道を選んでいたかもしれない。小説家や画家、ジャーナリストとして名を成していたかもしれない。

A級戦犯と六十歳以上の高齢者、病人を除くスガモの受刑者全員に就業が命ぜられたのは昭和二十二年二月以降である。同時に各収容棟ごとに世話係が選ばれて、自主管理制が取り入れられるようになった。二十三年には演芸、運動、教育の委員も選ばれ、楽団や演劇集団も結成された。所内紙「すがも新聞」の発刊にあたっては十五人の編集委員も選ばれた。さらに翌二十四年四月には「巣鴨学園」も開設され、受刑者がお互いに教師をつとめて運営にあたった。

ことに週刊の「すがも新聞」は昭和二十七年の日本移管まで続き、発行は百九十三号におよんだ。ガリ版印刷の新聞は、タイトルから記事、さし絵、マンガにいたるまですべて手作りである。だが、前述したようにスガモは人材豊富である。学園の教師もそうだったが、プロはだしの編集者が続々集まった。エリート集団の実力発揮である。

その結果は、ガリ版刷りの手記や小説・短歌の文集などがさかんに作られ、ここで紹介する「巣鴨版画集」もその一つである。さらに、管理・運営が日本側に移され、米軍時代と違って所内の統制がゆるやかになるや、外部からの慰問団が大挙押し寄せるようになる。人気の少女歌手・美空ひばりもやってきたし、人気落語家の柳家金語楼師匠も何度か訪れている。その来所ポスターからプログラムにいたるいっさいの宣伝物も手作りで作られた。制作には「アートショップ」と称した芸術集団があたり、各セクションの需要に対

判決を受けて皈る

死刑の判決を受けると手錠をかけられ厳重な警戒だ
再び娑婆を見ることもあるまい

面　會

金網をへだてた面會、幾年振りの妻子の顔もさだかには見えない
規定の45分は涙で過ぎる

A級戦犯裁判中の散歩

せまい柵の中を散歩するA級判決を控えて
彼らの胸に去来するものは何か

「巣鴨版画集」の表紙絵

応していた。

専用のアトリエを持っていたアートショップの芸術家たちは、ポスターやプログラムのほかに、所内の生活を記録したさまざまな絵や版画、マンガなどを描いている。これら目で見る記録は、「すがも新聞」とともにいま、当時の「スガモプリズン」を視角的に知る唯一の記録といってもいい。もちろんカメラの持ち込みもできたというが、敗戦後の日本人にはカメラなどは夢のまた夢で、特定の人たちだけの所有物であった。それだけに、スガモの写真は限られており、私たちは絵やマンガに頼らざるを得ない。ここに紹介するのはもちろん一部であるが、スガモの戦犯たちの多士済済ぶりはうかがえると思う。

◎版画の題名・説明文は原文通りです。

死刑囚の花まつり
教誨師の心づくしの花まつり
死刑囚の顔は子供の様に明るい

死刑囚の独房
死と対決してゐる三畳の房
死刑囚の謎は遂に解くべくもない

刑場に祈る
刑場の鉄扉は冷たく閉ざされてゐる
今日も其の前に佇ち経を読む老囚

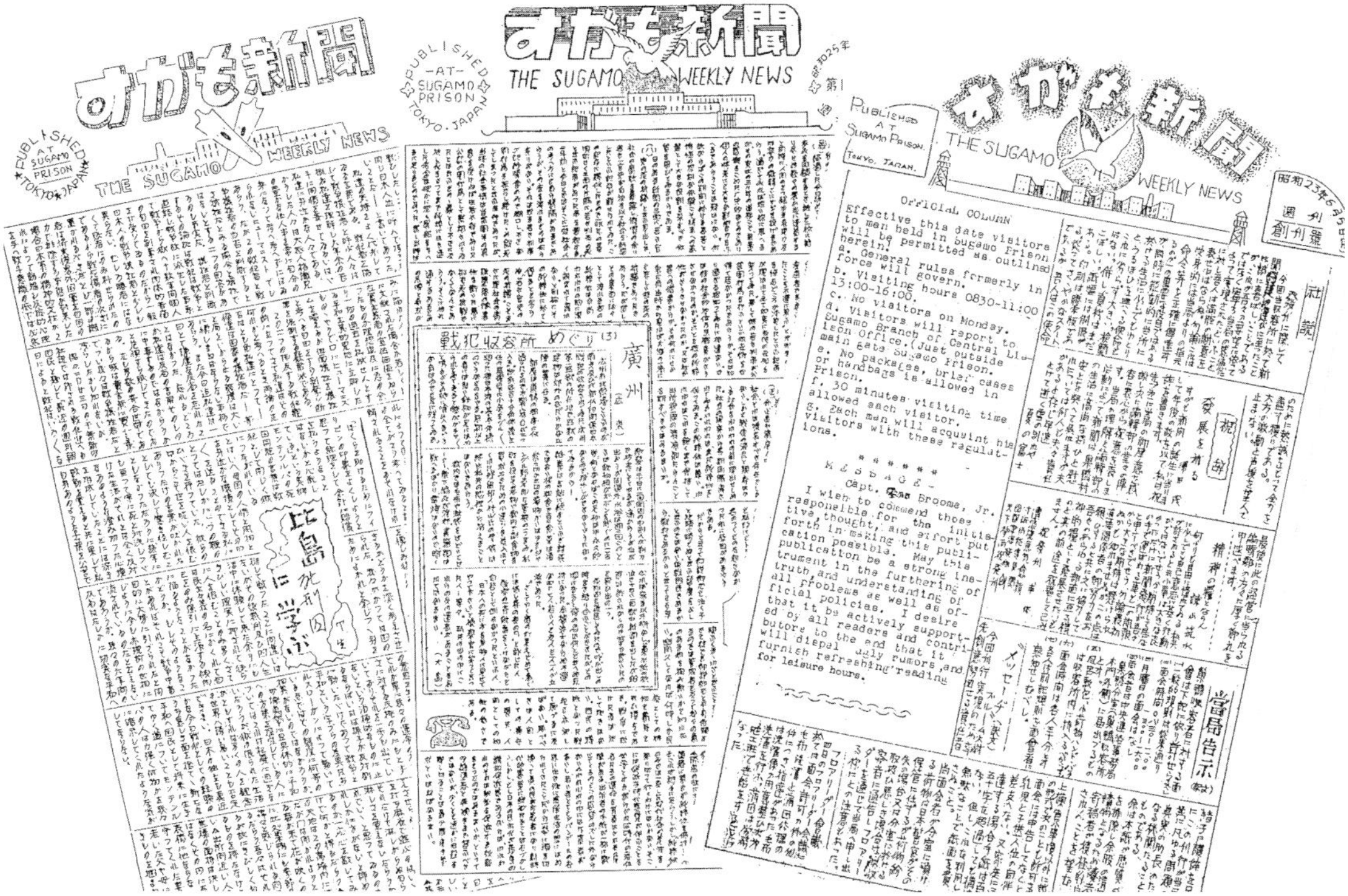

すがも新聞
PUBLISHED AT SUGAMO PRISON TOKYO, JAPAN
THE SUGAMO WEEKLY NEWS

すがも新聞
PUBLISHED -AT- SUGAMO PRISON TOKYO, JAPAN
THE SUGAMO WEEKLY NEWS

すがも新聞
PUBLISHED AT SUGAMO PRISON. TOKYO, JAPAN.
THE SUGAMO WEEKLY NEWS
週刊 創刊號

OFFICIAL COLUMN

Effective this date visitors to men held in Sugamo Prison will be permitted as outlined herein!

a. General rules formerly in force will govern.
b. Visiting hours 0830-11:00 13:00-16:00.
c. No visitors on Monday.
d. Visitors will report to Sugamo Branch of Central Liaison Office.(Just outside main gate Sugamo Prison.
e. No packages, brief cases or handbags is allowed in Prison.
f. 30 minutes visiting time allowed each visitor.
g. Each man will acquaint his visitors with these regulations.

MESSAGE
Capt. Broome, Jr.

I wish to commend those responsible for the initiative, thought, and effort put forth in making this publication possible. May this publication be a strong instrument in the furthering of truth and understanding of all problems as well as official policies. I desire that it be actively supported by all readers and contributors to the end that it will dispel idly rumors, and furnish refreshing reading for leisure hours.

▲戦犯たちの手で発行を続けられた「すがも新聞」。右が昭和23年6月5日発行の創刊号。

◀巣鴨で麻雀パイを作る戦犯。麻雀は戦犯囚人たちの娯楽のひとつだった（昭和25年10月26日）。

▲サンフランシスコ平和条約締結後は、巣鴨の戦犯管理は日本側に移され、監視はいたってゆるやかになった。写真は日本人看守が見守るなか、病棟の庭で働く戦犯（昭和25年10月26日）。

第9章 判決

検察側の主張を全面採用した勝者の裁き

巣鴨プリズンの監視塔。

判決を待つ巣鴨の被告たち

被告たちにとって、市ヶ谷の法廷通いは気晴らしにもなっていた。しかし、昭和二十三年四月十六日の結審後は、一歩も巣鴨プリズンから出ることはできない。被告たちは互いに房を訪問しあって談笑したり、碁や将棋、トランプ、麻雀などをしてはその日、その日を過ごしていた。

一カ月がたち、二カ月がたち、初夏を迎えても判決言い渡しの日時は届かない。元外相の重光葵被告は七月十七日付の日記にこう記した。

「裁判判決は、遷延《せんえん》に遷延を重ねている。六月末には遅くとも判決があるといわれたが、今は十一月になるといわれている。四月十六日に休廷になってから已に三カ月を経た。この三カ月は実に永い三カ月であった。昼夜煌《こう》煌《こう》たる電灯の下に厳重なる監視下に晒《さら》されることは人間の神経には最大の負担である。二畳の房の入口を頭にして夜は終夜灯の下で眠る。廊下は絶えず監視兵が歩いている。熟睡は出来ぬ。多数の監視兵は遠慮無く騒々しい。昼でも横になって寝ると、監視兵は鉄網の扉を開ける規則の様である（万一の場合に間に合うために）。それで我々が疲れて横になっても監視兵は眠っているかどうかを確かめるために棍棒で扉を叩いたり靴で蹴ったりする。それで目を閉じて安静をとることも出来ぬ」

そして重光被告は、こうも書いている。

「運命の日を待つ人々の心は、すでに消耗しつつある」

巣鴨プリズンだけではなく、多くのBC級戦犯が収容されていたフィリピンのモンテンルパにあるニュービリビット刑務所やシンガポールのチャンギー刑務所などには、キリスト教だけではなく仏教信者のための教誨師《きょうかいし》も派遣されていた。巣鴨の教誨師は僧侶でもある花山信勝師（東京大学助教授、のち教授）が最初だった。花山師は昭和二十一年二月に巣鴨の教誨師になり、A級戦犯七名、BC級戦犯三十五名の死刑執行時の最後の教誨に立ち会っている。

　その花山師が二十五名のA級戦犯たちと初めて接触したのは、被告たちが判決を待つだけとなった昭和二十三年八月二十七日だった。それまでも花山師の定期的な法話には、BC級の人たちに混じって二十五名のうちの何人かは姿を見せていたが、東京裁判の二十五被告だけを対象に法話を語ったのは、この日が初めてであったという。花山師の見たところ十四、五名の被告が姿を見せた。

　重光被告が日記に認《したた》めているように、精神的に消耗しつつある被告たちにとっては、教誨師との接触はひとつの救いにもなった。法話が終わったあと、花山師は数冊の宗教雑誌を被告たちに手渡した。少しでも心の慰めになればと思ったからだった。

　花山師は自著『平和の発見・巣鴨の生と死の記録』に書いている。

「その際、東条元大将は、私に向かって、『吉川英治の親鸞を入れてもらいたいのですが、お願いできませんでしょうか』と、依頼された。佐藤さんは、『教行信證』の講義がほしいといわれた。

　私は、いずれも承諾し、あとからすぐ、とりあえず事務所を通じて、東条さんに『続一樹の蔭』（足利浄圓著）を差入れ、佐藤さんには『正信偈讃仰』（暁烏著）を入れておいた。東条さん所望の『親鸞』は、その後差入れたが、東条さんが読んでからさらに、十五人も回覧された模様で、本のトビラには『御用済最後ニ東条ニ御送付願ヒタシ』と書かれ、板垣、木村、土肥原、広田さんら十五人の署名があった。今、記念の書として東条家にのこっている」

裁判中のA級被告たちの昼食を作る炊事人と係の米兵。

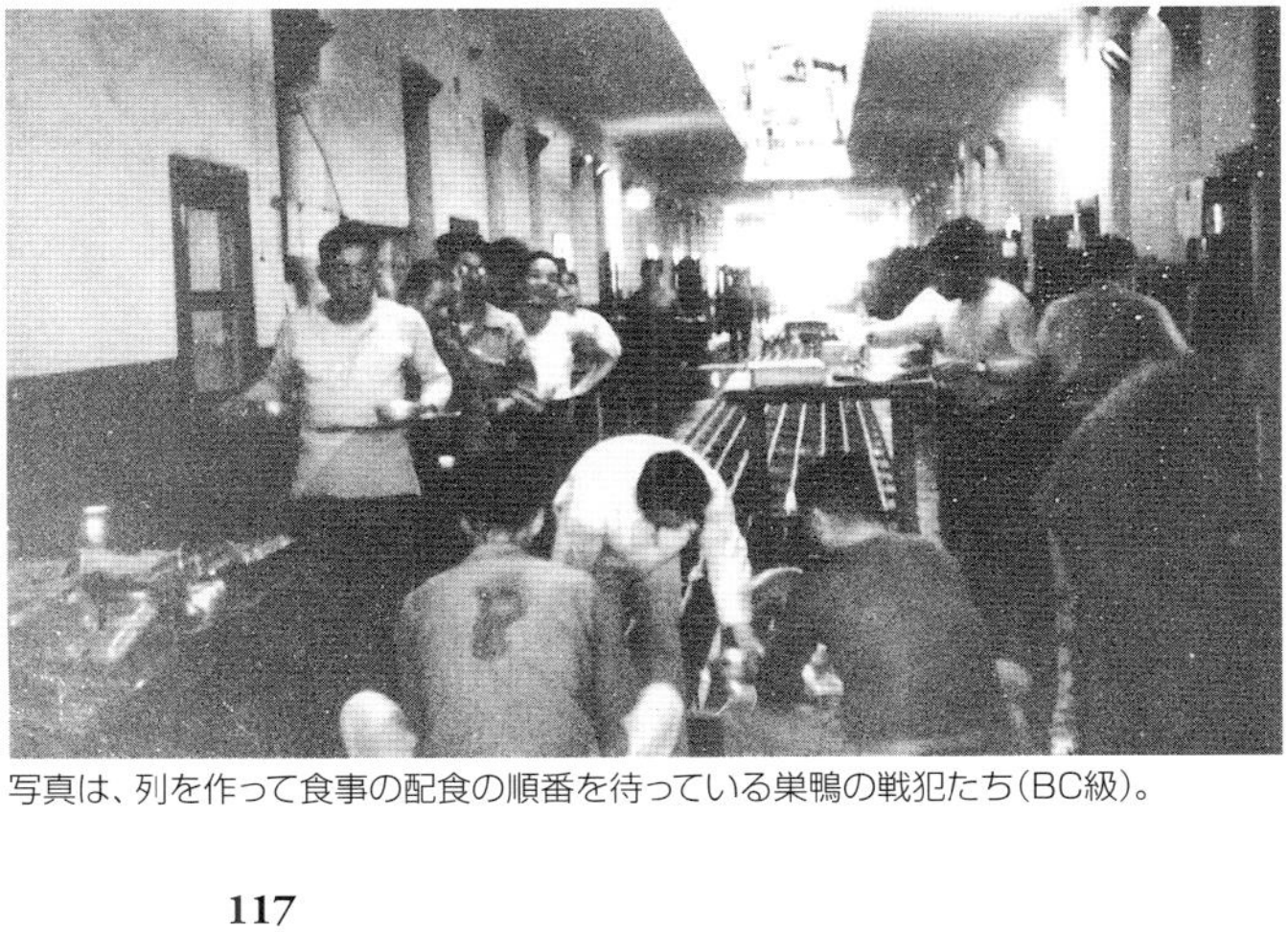

写真は、列を作って食事の配食の順番を待っている巣鴨の戦犯たち（BC級）。

　その後、花山師は被告たちの求める書籍のほかにも、数多くの宗教書を差し入れている。

ついに下された全員「有罪」判決

　そのころ、判事たちは判決文の執筆にあたっていたのだが、なにしろ判決は英文で三十万語、千二百十一頁にも達するものだったため、遅々として進まなかったのである。それでも法廷書記局は、できあがった判決の冒頭部分の翻訳、印刷をはじめるために、GHQを通じて米陸軍省の軍属九名と日本人二十六名からなる翻訳団を作り、八月二日から東京・芝白金のハットリ・ハウス（服部時計店社長宅）に入れて作業を開始した。さらに八月十九日からは翻訳文の法律用語の監修のために、国際法の東大教授横田喜三郎氏（のち最高裁長官）と、判決文を読みやすくするために文部省国語課長の林大氏が加わった。

翻訳グループが作業をしているハットリ・ハウスは周囲に鉄条網が張り巡らされ、MPが二十四時間体制で監視をしていた。判決が外部に漏れるのを防ぐためである。ハウス内には翻訳グループのほかに速記者や女性のタイピストなど約三十名もいたが、外出が許されなかったから、バレーボールをしたりダンス・パーティーを開いたりして運動不足を補《おぎな》い、ストレス解消を行っていた。

やがて東京の空もいつしか高くなり、秋色を深くして木々が色づきはじめた十月の末、やっと判決文の翻訳が終わった。そして十一月二日、法廷事務局長ヴァーン・ウォルブリッジ大佐は、十一月四日に法廷を再開して判決を言い渡す旨、発表した。

その昭和二十三年十一月四日朝、市ヶ谷の軍事法廷は久しぶりに喧噪を見せていた。午前八時半には、被告たちを乗せたバスが巣鴨プリズンから半年ぶりに到着した。賀屋、白鳥、梅津三被告は病気入院のため、バスから降り立ったのは二十二名だった。

午前九時半、十一名の判事が裁判官席に座り、ウェッブ裁判長が「これから本官は判決を宣告する」と宣言して、判決文の朗読を開始した。この判決の朗読は土日をはさんで正味七日間を要し、その最終日の十二日に刑の宣告が行われた。

判決文の翻訳者やタイピストたちが缶詰になった「ハットリ・ハウス」。

判決言い渡しを前に、日本人弁護団の打ち合わせで説明する鵜沢団長（11月3日）。

判決言い渡しの実況ラジオ放送に聞き入る街頭の人々。東京・銀座の松坂屋にて（11月4日）。

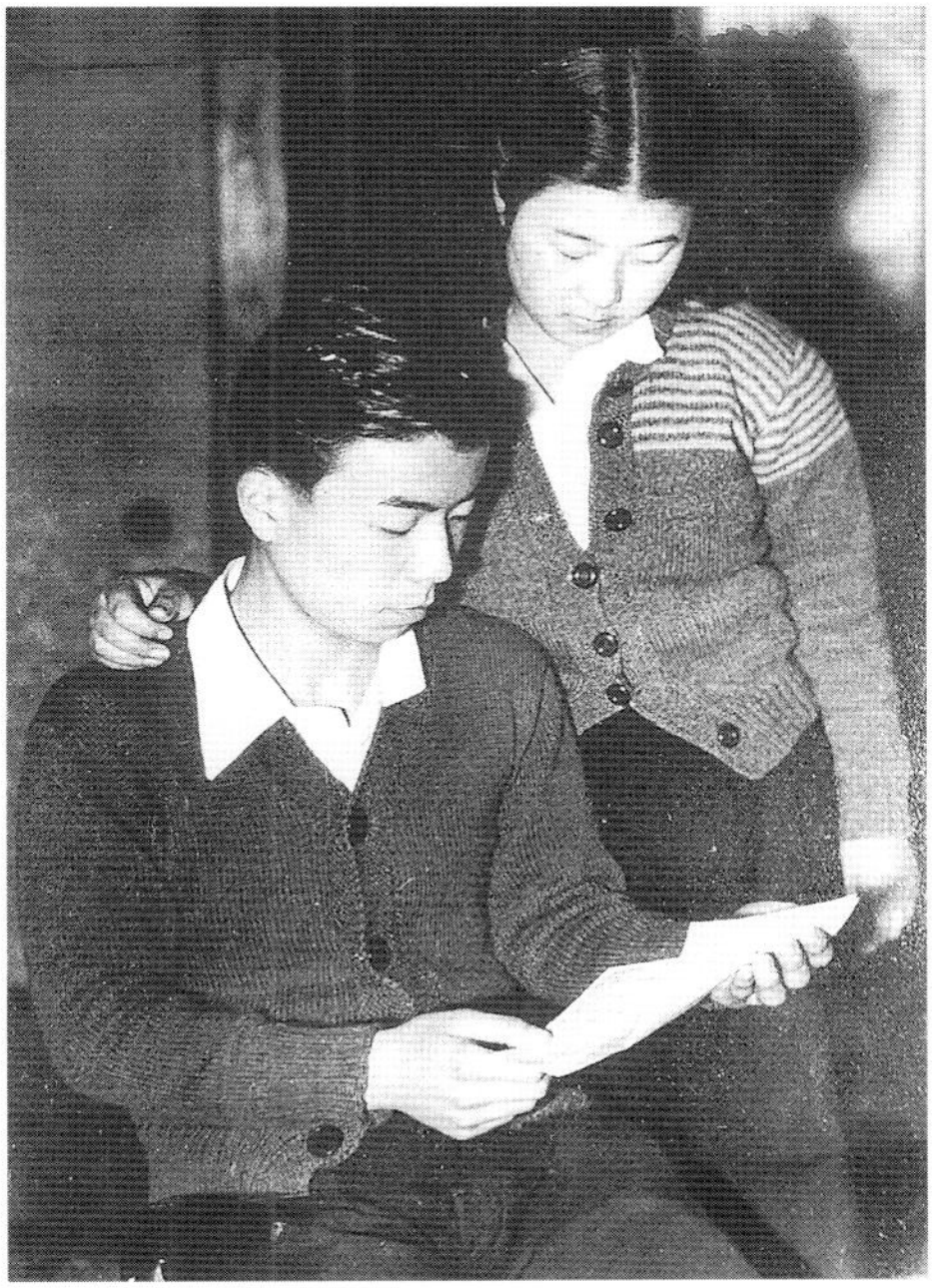

自宅に届けられた父の手紙を読む
板垣征四郎被告の子供たち。

11月4日、憲兵に見守られるなか、6カ月ぶりに市ヶ谷の法廷に入る被告たち(左上)。左中は、ウェッブ裁判長の判決文朗読に聞き入る被告たち。左から木戸、鈴木、木村、板垣の各被告(11月9日)。

判決文は第一章「裁判所の設立及び審理」にはじまり、第二章「法」、第三章「諸条約上の日本の権利と義務」、第四章「軍部による日本の支配と戦争準備」、第五章「中国に対する侵略」、第六章「ソ連に対する侵略」、第七章「太平洋戦争」、第八章「通例の戦争犯罪」、第九章「起訴状の訴因についての認定」、そして第十章が「判定」で、各被告に対して訴因ごとに有罪か無罪の判定を下した。

のちに各マスコミや研究者から指摘されたように、判決文の内容は検察の起訴状を丸写しにしたのではないかと思えるほど、検察側

父からの手紙を読む鈴木貞一被告の家族。松子夫人(右)と娘さんたち。

の主張に近いものだった。

各被告に対する「有罪」「無罪」の判定は、アルファベット順に荒木貞夫から朗読された。結果は訴因五十五項目中、十項目に絞って判定され、全員が有罪とされた。訴因別の判定は別掲の「判決一覧表」のとおりである。

十二日午後三時二十七分、二十五名全員の判定朗読を終えたウェッブ裁判長は、十五分間の休憩ののち、一人一人に直接刑の宣告を言い渡すと宣し、休憩に入った。

二十五被告への断罪下る！

午後三時五十二分、予定より遅れて法廷が再開された。十名の判事を従えて入廷してきたウェッブ裁判長は、自席に座ると数枚の紙を机上においた。断罪表である。

「極東国際軍事裁判所は、本件の起訴状について有罪の判定を受けた被告に対して、ここに刑を宣告する」

最後の面会に訪れ、控え室で待つ東条勝子夫人。右は煙草を吸いながら夫人と面会する東条被告（11月11日）。

いよいよ判決下る！　起立して裁判長を迎える被告と弁護団（11月12日）。

最後になるかもしれない面会に訪れた家族たち（11月11日）。

判決一覧表

罪の種類	平和に対する罪								通例の戦犯及び人道に対する罪		
訴因番号	1	27	29	31	32	33	35	36	54	55	宣告刑
訴因内容 / 被告名	侵略戦争遂行の共同謀議	対中国侵略戦争遂行	対アメリカ侵略戦争遂行	対イギリス侵略戦争遂行	対オランダ侵略戦争遂行	対フランス侵略戦争遂行	張鼓峰事件遂行	ノモンハン事件遂行	違反行為の命令、授権許可による法規違反	違反行為防止責任無視による法規違反	
荒木貞夫	●	●	○	○	○	○	○	○	○	○	終身禁錮刑
土肥原賢二	●	●	●	●	●	○	●	●	●	△	絞首刑
橋本欣五郎	●	●	○	○	○				○	○	終身禁錮刑
畑俊六	●	●	●	●	●		○	○	○	●	終身禁錮刑
平沼騏一郎	●	●	●	●	●	○	○	●	○	○	終身禁錮刑
広田弘毅	●	●	○	○	○	○	○		○	●	絞首刑
星野直樹	●	●	●	●	●	○	○		○	○	終身禁錮刑
板垣征四郎	●	●	●	●	●	○	●	●	●	△	絞首刑
賀屋興宣	●	●	●	●	●				○	○	終身禁錮刑
木戸幸一	●	●	●	●	●	○	○	○	○	○	終身禁錮刑
木村兵太郎	●	●	●	●	●				●	●	絞首刑
小磯国昭	●	●	●	●	●			○	○	●	終身禁錮刑
松井石根	○	○	○	○	○		○	○	○	●	絞首刑
南次郎	●	●	○	○	○				○	○	終身禁錮刑
武藤章	●	●	●	●	●	○		○	●	●	絞首刑
岡敬純	●	●	●	●	●				○	○	終身禁錮刑
大島浩	●	○	○	○	○				○	○	終身禁錮刑
佐藤賢了	●	●	●	●	●				○	○	終身禁錮刑
重光葵	○	●	●	●	●	●	○		○	●	禁錮７年
嶋田繁太郎	●	●	●	●	●				○	○	終身禁錮刑
白鳥敏夫	●	○	○	○	○						終身禁錮刑
鈴木貞一	●	●	●	●	●		○	○	○	○	終身禁錮刑
東郷茂徳	●	●	●	●	●			○	○	○	禁固20年
東条英機	●	●	●	●	●	●		○	●	△	絞首刑
梅津美治郎	●	●	●	●	●			○	○	○	終身禁錮刑
備考	● 有罪、○ 無罪、△ 判決が下されなかった訴因										

ウェッブ裁判長の言葉が終わると同時に、モーニング姿の**荒木貞夫被告**がすっと立った。その左側に付き添いの形でケンワージ憲兵隊長が立つ。荒木被告は机上のヘッドホーンを取り上げて耳に当てると、裁判長席を凝視した。

「被告、荒木貞夫、被告が有罪の判定を受けた起訴状中の訴因に基づいて、極東国際軍事裁判所は被告をインプリズメント・フォア・ライフ（終身禁固刑）に処する」

うなずく荒木被告。緊張が破れたのか、法廷内がざわつく。すかさず法廷執行官ボパ中尉が槌《つち》でコツコツとテーブルをたたいた。「静粛に！」だ。

さっとヘッドホーンを外した荒木は、一礼して退廷していった。

土肥原賢二被告が立つ。手が震えているのか、なかなかヘッドホーンを付けられない。MPが手伝う。

「デス・バイ・ハンギング（絞首刑）に処する」

ぱっとヘッドホーンを外し、一礼して退廷する。

橋本欣五郎被告。両手を伸ばし、まっすぐ前方を見て立つ。終身禁固刑。「瞬間、二階（傍聴人席）から何かうめくような女の声が一声あがった」（朝日新聞『東京裁判』）。さっと踵《きびす》を返して退廷する。礼はしない。

畑俊六被告。終身禁固刑。静かに一礼して退廷する。

平沼騏一郎被告。八十二歳の老齢のためか、ケンワージ大佐に支えられ、よろめくように入廷してきた。終身禁固刑。裁判長の英語の宣告刑を聞くと、日本語訳を待たずにヘッド

被告席で判決に聞き入る22名の戦犯たち。2年半にわたった裁判の終わりである（11月12日）。

MP
MP

平沼騏一郎被告・終身禁固刑

橋本欣五郎被告・終身禁固刑

有罪判決を受ける荒木貞夫被告・終身禁固刑

広田弘毅被告・絞首刑

畑俊六被告・終身禁固刑

土肥原賢二被告・絞首刑

ホーンを外し、一礼して退廷する。

広田弘毅被告。自分でヘッドホーンを付け、目をつむり、やや前かがみになって宣告を聞く。意外にも絞首刑。「何かいいたげに……眼を横にそらして弁護人席の次男正雄氏の姿を探した。正雄氏は一瞬間視線を合わせただけで顔をそらせた」(『東京裁判』)

退廷直前、傍聴人席を見上げ、かすかにうなずいたかのようにも見えた。父の出廷日には欠かさず姿を見せている二人の娘さんに別れを告げたのかもしれない。

星野直樹被告。じっと前方を見つめたまま宣告を聞く。終身禁固刑。ヘッドホーンを外し、ちょっと上を見る。

板垣征四郎被告。法廷の出入り口で足を止めて一礼し、軍隊調に二、三歩進む。自分でヘッドホーンを付ける。絞首刑。ヘッドホーンをとり、くるりと後ろを向いて退廷する。一礼はしなかった。

木戸幸一被告。せかせかとした歩き方で入廷、ヘッドホーンを付けてから頭を下げる。終身禁固刑。

木村兵太郎被告。ヘッドホーンを付けると、一歩前に出る。絞首刑。かすかに短い白髪頭が動く。裁判官席に一礼して退廷する。

小磯国昭被告。直立した身体がふらふら動き、ケンワージ憲兵隊長がそっと背中を支える。終身禁固刑。

小磯国昭被告・終身禁固刑

木戸幸一被告・終身禁固刑

星野直樹被告・終身禁固刑

松井石根被告・絞首刑

木村兵太郎被告・絞首刑

板垣征四郎被告・絞首刑

松井石根被告。カーキ色の国民服を着てそろり、そろりと入廷。一礼はしない。絞首刑。病身のためか顔と首筋が痙攣している。

南次郎被告。耳が遠いためか「終身禁固刑」の宣告を聞いたあとも、ヘッドホーンを付けたまま立っている。ケンワージ隊長がヘッドホーンを外して、手を引くようにして出入り口に誘導する。

武藤章被告。堂々とした歩き方で入廷、ヘッドホーンを付ける。絞首刑。口元が一瞬ゆるむ。黙礼してくるりと回れ右、退廷。

岡敬純被告。ダブルの背広に身を包み、背中を丸めて入廷。終身禁固刑。ヘッドホーンを放り出すように置いて出て行く。裁判官席への礼などしない。

大島浩被告。直立不動の姿勢で胸を張る。終身禁固刑。ヘッドホーンを外すや、さっさと退場。

佐藤賢了被告。両手を机に置いて、チラッ、チラッと傍聴人席を横目で見る。終身禁固刑。かすかにほほが紅潮する。

重光葵被告。ケンワージ隊長に助けられてヘッドホーンを付け、松葉杖を外して机に手をついて宣告を聞く。禁固七年。裁判長の英語の宣告を聞くやヘッドホーンを投げ、松葉杖にすがってゆっくり退廷する。

嶋田繁太郎被告。終身禁固刑。一度外したヘッドホーンを再びかけて、日本語通訳の宣

佐藤賢了被告・終身禁固刑

岡敬純被告・終身禁固刑

南次郎被告・終身禁固刑

重光葵被告・禁固7年

大島浩被告・終身禁固刑

武藤章被告・絞首刑

告を確かめるように聞く。判事席に一礼して退廷する。

鈴木貞一被告。ぼさぼさの髪で入廷、軍隊調にカチッと靴のかかとを合わせて最敬礼。終身禁固刑。帰りの礼はなし。

東郷茂徳被告。机の前に進み、ケンワージ隊長の方を見てヘッドホーンを付ける。禁固二十年。軽くうなずく。

東条英機被告。国民服姿でゆっくりと入ってくる。判事席に一礼してヘッドホーンを付ける。絞首刑。一瞬、ニヤリと笑みをもらす。ヘッドホーンを外してチラッと傍聴人席に視線を走らせた。再び、深々と一礼して退廷していった。

このあと、病気入院で欠席している**賀屋興宣被告**(終身禁固刑)、**白鳥敏夫被告**(終身禁固刑)、**梅津美治郎被告**(終身禁固刑)の判決は、それぞれの担当弁護人が自席に立って受け、二年半余にわたった東京裁判はついに最後の時を迎えた。

無視されたそれぞれの少数意見

ところで、法廷で朗読された判決文は俗に「多数派判決」と呼ばれているもので、十一裁判官全員一致の判決文ではなかった。この多数派判決に対して、独自の意見書や判決文を提出した少数派判事にはウェッブ裁判長、イ

東郷茂徳被告・禁固20年

嶋田繁太郎被告・終身禁固刑

東条英機被告・絞首刑

鈴木貞一被告・終身禁固刑

ンドのパル判事、オランダのレーリンク判事、フランスのベルナール判事、フィリピンのジャラニラ判事などがいた。

オーストラリア代表裁判官のウェッブ裁判長は、原則的に多数派判決に同意はするが、被告の刑罰決定の過程に対して「別個の意見」があるとして、英文二十一頁の意見書を提出した。

ウェッブは侵略戦争は国際犯罪であり、その不法な戦争を知っていながら、国家の名において行動する個人は刑事責任を負うとした。しかし、侵略戦争の罪で訴追された被告は、「共同謀議については訴追しないのが通例」であり、共同謀議の罪だけで死刑にすることには反対した。

また、天皇の不起訴問題にも言及した。ウェッブはいう。「天皇の権限は、彼が戦争を終わらせたときに疑問の余地がないまでに証明された」ことでもわかるように、「戦争を行うには、天皇の許可が必要であった」と、開戦の責任があったとしている。しかし天皇の免責が「すべての連合国の最善の利益のために決定された」以上、「有罪と認定された(他の)被告の刑罰を決定する際には、正義の要求に従って、本官は天皇の免責を考慮に入れなければならない」と思うと述べている。

レーリンク判事の意見書は英文で三百四十三頁もある本格的なものだが、レーリンクは

被告個人に対する有罪判定言い渡しが終わり、法廷は閉廷された。退廷する直前、傍聴人席の家族を見上げて最後の別れを惜しむ被告たち。12日午後4時。

「この法廷の管轄権は太平洋戦争だけに限るべきだ」として、満州関係や張鼓峰事件、ノモンハン事件などは「本裁判の管轄外」であるとした。また現在の国際法からみて「平和に対する罪」によって死刑は適用すべきではないといい、広田をはじめ木戸、重光、東郷の文官たちは無罪であるといいきっている。

ベルナール判事の意見書は英文二十三頁の短いものだった。ベルナールは「通例の戦争犯罪」の責任の範囲について、多数派の認定は不当であるといい、閣僚とか指揮官といった地位にあっただけの理由で、広範な責任を科すのは不当だ断言した。また、審理の手続き上にも欠陥があったといい、たとえば起訴前に予審を行わなかったことや、人に対する訴追の不平等があったことも暴露した。さらに「平和に対する罪」は認めるわけにはいかないといい、「刑の公正さはあまりにも争いの余地がある」と結論づけた。

フィリピンのジャラニラ判事の「別個意見」は、基本的には多数意見に同意するが、判決の量刑はあまりにも寛大すぎるし、見せしめのためには有効性がないから、被告全員は極刑にすべきだと主張した。

日本軍の「バターン死の行進」の生き残りといわれるジャラニラ判事の、個人感情むきだしとも思える意見書は、この裁判がいかに「勝者による敗者の裁き」であるかを象徴しているかのようだった。

東京裁判を「断罪」したパル判事

少数派でもっとも注目されたのは、インド代表パル判事の「判決書」だった。このパル判決書は多数派判決文よりも長い英文二十五万字、千二百三十五頁におよぶ膨大なものである。

カルカッタ大学の副総長だったパル判事が、インド政府の要請で東京に派遣されたのは一九四六年五月十七日で、判事団のなかではフィリピンのジャラニラ判事とともに一番来日が遅かった。地味な学究肌のパル判事は、市ケ谷の法廷に通う以外は、宿舎の帝国ホテルの自室にこもって裁判資料に取り組む日々だったという。

パル判決書の最大の特徴は、全七部構成の最終第七部「勧告」で、被告全員は「無罪」と主張したことである。もちろん一部の判事や検事たちのように、自分の立場と個人感情を露《あら》わにしての「無罪」主張などではなく、審理を冷静に見つめたうえで、多数派判決の法律的見解、事実認定に対して真っ向から反対したのである。

パル判事は、第一部で東京裁判の被告が「平和に対する罪」など事後法的〝法律〟で裁かれたことに疑問を投げ、第二部では「侵略戦争とはなにか」と題して、多数派のいうその定義を認めることは困難であるとした。第三部の「証拠及び手続きに関する規則」では、宣誓供述書や「木戸日記」「原田日記」など、検察側資料の多くは伝聞証拠にすぎないと断定し、司法的手続きの欠陥を厳しく指弾している。

第四部の「全面的共同謀議」では、被告たちが侵略戦争の共同謀議を行ったとの立証はされていないし、共同謀議そのものは国際法上の犯罪ではないと、多数派判決を拒絶した。そして第五部「極東国際軍事裁判所の管轄権」でも、パル判事は冒頭に書いている。

「本裁判所の審理の対象となり得る犯罪は、一九四五年九月二日の降伏をもって終わりを告げた戦争において、またはそれに関連して行われた犯罪に限られなければならない」

と多数派を批判している。すなわち、蘆溝橋事件(昭和十二年)以前の満州事変や満州建国にかかわる問題は、この裁判の管轄外だと断じた。

第六部の「厳密なる意味における戦争犯罪」では、日本軍による捕虜・民間人の殺害事犯の事実を克明に検証したうえで、「裁判を行わずに処刑した事件は、実際は日本から遠く離れた諸戦闘地域で起こった偶発事件であった」といい、それも直接の下手人はすでに裁判をされて断罪されており、東京裁判の被告たちに責任を負わすことはできないと論じている。そうして最後の「勧告」のなかで、パル判事はこうも書いている。

「単に、執念深い報復の追跡を長引かせるために、正義の名に訴えることは、許さるべきではない。世界は真に、寛大な雅量と理解ある慈悲心とを必要としている。純粋な憂慮に満ちた心に生ずる真の問題は、〝人類が急速に成長して、文明と悲惨との競争に勝つことができるであろうか〟ということである」

さらに最後に、こうも続けている。

「感情的な一般論の言葉を用いた検察側の報復的な演説口調の主張は、教育的というよりは、むしろ興行的なものであった。おそらく

朝日新聞

戦犯廿五被告に判決下る

東條、廣田ら七名絞首刑

無罪なし 木戸ら十六名終身禁固

訴因十項に整理

絞首刑 東條英機
絞首刑 廣田弘毅
絞首刑 松井石根
絞首刑 土肥原賢二
絞首刑 板垣征四郎
絞首刑 木村兵太郎
絞首刑 武藤章
終身禁固 木戸幸一
終身禁固 平沼騏一郎
終身禁固 賀屋興宣
終身禁固 嶋田繁太郎
終身禁固 白鳥敏夫
終身禁固 大島浩
終身禁固 星野直樹
終身禁固 荒木貞夫
終身禁固 小磯國昭
終身禁固 畑俊六
終身禁固 梅津美治郎
終身禁固 南次郎
終身禁固 鈴木貞一
終身禁固 佐藤賢了
終身禁固 橋本欣五郎
終身禁固 岡敬純
禁固廿年 東郷茂徳
禁固七年 重光葵

うなずく被告たち 瞬間、口元くずす東條

東條・宣告を受く

マ元帥、訴願受理

天皇を免除の理由

判決をこう見る

講和へ一歩前進

東京裁判の判決を1面トップで報じる朝日新聞(昭和28年11月13日付)

敗戦国の指導者だけに責任があったのではないという可能性を、本裁判所は全然無視してはならない」

五十年余を過ぎた現在かみしめても、なかなか含蓄のある言葉ではなかろうか。

ついに出された マッカーサーの処刑命令

判決言い渡し後、二つの動きがあった。一つは連合国最高司令官マッカーサー元帥に対して、軍事裁判所条例に規定されている再審の申し立てをすることと、もう一つは、一部の被告弁護人による米連邦最高裁判所に対する人身保護の申し立てである。

GHQ（連合国最高司令官総司令部）は訴願ならびに再審申し立ての期間は十一月十二日以後十九日までとした。そこで全被告を代表してブレイクニー弁護人が、マッカーサー司令官に再審査権の発動を促す申立書を提出した。これを受けてマッカーサーは、二十二日の朝、総司令部（東京・日比谷の第一生命ビル）の自室に対日理事会を構成する各国代表を招き、刑の宣告について意見を聴取した。

朝日新聞法廷記者団の『東京裁判』によれば、AP通信のラッセル・ブラインズ支局長が会議に出席した中国代表の商震将軍に取材したところによると、ほぼ次のようだったという。

「判決は、十一ヶ国代表のうち、インド、オランダ二国代表以外の全代表によって支持された。インド代表チャクラウエルティ氏は、パル判事の意見を支持して、全被告の無罪を主張した。オランダ代表ヴァン・アデュアルド氏も、同国判事の意見の線に沿って、重光被告に対する禁固七年の判決のように、一、二の被告に対する判決はきびしすぎるようだと主張した」

もちろんマッカーサーによる聴取は形式的な手続きを踏んだもので、いまさら判決を変更しようという気はなかったから、再審申し立ては却下された。そして十一月二十四日、マッカーサーは特別声明を発表して、米第八軍司令官に判決どおり刑の執行を命じたことを明らかにした。

ところが十一月三十日になって、GHQは七死刑囚の刑の執行を延期すると発表した。

インド代表のパル判事は「裁く者の手も汚れている」として、ただ一人、全員無罪の意見書を書いたが、オランダ、フランス、フィリピン代表判事などの少数意見とともに法廷では読まれなかった。のちに日本政府はパル博士の平和に対する真摯な態度に対して勲一等瑞宝章を贈った。1967年1月10日死去した。

▲被告たちの有罪判決に対して減刑嘆願の打ち合わせをする米人弁護人たち。

▲絞首刑という意外な判決を受けた広田弘毅の減刑嘆願署名運動をする関係者たち。昭和23年11月17日、東京·有楽町の数寄屋橋で。

◀米連邦最高裁判所に対して人身保護の申し立てをするために羽田飛行場から急遽帰国する弁護人たち。右からブラナン、山岡、ファーネスの各弁護人(12月12日)。

理由は、一部の死刑囚が米連邦最高裁判所に出した訴願の結果を待つためというのだ。

米連邦最高裁への訴願提出とは、アメリカに帰国していたジョン・G・ブラナン弁護人が嶋田繁太郎、岡敬純、木戸幸一、東郷茂徳、佐藤賢了を代表し、またウェッブ裁判長に追放されたデイビッド・F・スミス弁護人が広田弘毅と土肥原賢二の代理として、米連邦最高裁へ人身保護令を提出したのである。すなわち、米大統領の命令によってマッカーサー元帥指揮下に設置された東京の法廷は、国際的な合法性を持たず、また、アメリカの立法府はこのような新規の裁判所の設置をマッカーサー司令官に委任したこともない。よって東京の軍事法廷はアメリカの憲法に違反している——というものである。

だが十二月二十日、米連邦最高裁は弁護人側の申し立てを却下した。極東国際軍事裁判所はマッカーサー元帥によって連合国の機関として設置されたものであり、このような機関の決定事項について、合衆国の法廷は審理する権限を持っていないというのが、その理由だった。

この米最高裁の訴願却下の報告を受けたマッカーサーは、十二月二十一日午前九時三十五分、ウォーカー米第八軍司令官に七死刑囚の死刑執行を命じたのである。

第10章 処刑

ついに出された死刑執行命令

米最高裁判所が東条被告たちの訴願を却下した翌日の昭和二十三年（一九四八）十二月二十一日、ダグラス・マッカーサー元帥は米第八軍司令官のウォーカー中将を招き、死刑執行を二日後に行うよう命じた。ウォーカー中将はただちに第八軍憲兵司令官フェルプス大佐に命令を伝え、刑執行の準備に入った。

巣鴨プリズンの花山信勝教《きょう》誨師《かいし》が、被告たちに刑執行宣告をする席に立ち会うよう言われたのは、この日の午後四時過ぎであった。

13階段を連想させる巣鴨プリズンの処刑室「13」号室の入り口。

七戦犯、深夜の絞首刑

七被告への宣告は午後九時に教誨師事務所で行われた。部屋には拘置所長のモーリス・C・ハンドワーク大佐をはじめ副官の大尉、通訳の杉野軍曹、花山師の四人が前列に並び、後方には米軍の中佐と牧師のウォルシュ少佐が立った。そしてブルムという大尉の指揮に従って、四、五名の将校たちが死刑囚をABC順に二人一組にして連行してきた。土肥原と広田、板垣と木村、松井と武藤、そして最後は東条一人だった。

儀式はブルム大尉が刑執行の宣告を言い渡し、通訳が日本語でそれぞれの被告たちに告げる形で進められた。

「極東国際軍事裁判所の判決およびマッカーサー総司令官の認定による刑の執行を、第八軍憲兵司令官ビクトール・W・フェルプス大佐と巣鴨拘置所長モーリス・C・ハンドワーク大佐に指令された。ここにその命令を、本人に伝達する。刑は昭和二十三年十二月二十三日午前零時一分、巣鴨拘置所において執行する」

七人の死刑囚たちが刑執行の宣告を受けているころ、GHQ外交局長ウィリアム・J・シ

K·N·デレビヤンコ中将

商震上将

ウィリアム·J·シーボルト局長

ーボルト（対日理事会議長・のち駐日大使）は東京・日比谷のＧＨＱにマッカーサー元帥を訪ね、同じ文面の四通の書簡を受け取っていた。書簡はシーボルトも含めた対日理事会の各国代表たちに宛てたもので、オーストラリア代表のパトリック・ショー、ソ連代表のＫ・Ｎ・デレビヤンコ中将、中華民国代表の商震上将宛ての四通だった。シーボルトの著書『日本占領外交の回想』（野末賢三訳・以下同）によれば、手紙には次のような内容が記されていた。

「極東国際軍事裁判所によって死刑を宣告された戦争犯罪人は、十二月二十三日木曜日早朝、巣鴨刑務所において刑の執行をうける。

刑の執行は、裁判所を代表する各連合国の下した判定を、それぞれの国の関係部分を統合して、実行するものである以上、裁判所の判決による死刑の執行が実際に行われたことを、今後証明してもらうために、私は、連合国の公式立会人として貴下の出席を要請する」

すなわち、十二月二十三日午前零時一分にはじめられる東条英機大将ら七死刑囚の絞首刑の現場に、四人は立会人として出席せよという要請である。マッカーサーはシーボルトの肩をたたいて言った。

「ビル、これはまことにきつい任務だね」

シーボルトは回想記に書いている。

「対日理事会は、十二月二十二日の朝、定例会議を開いた。その後私は、その日の午後五時と六時の間に、各国代表と会う約束をとりつけた。各国代表の公邸を訪問して、私は一人一人元帥の書簡を手渡した。その書簡を読むと、パット・ショウは、やっとのみこめたという様子で、ピンクの顔色になり、『ウイスキーを飲みましょう』といった。デレビヤンコ将軍は、ただ『はい、私は出席します』とだけいった。彼は以前には必ず、随員か通訳をつれていくのが常だったが、この時ばかりはすぐに、一人で行くことに同意した。商将軍は少しばかり蒼白になったが、『もちろん参ります。どんな服装で？……』といった。私は、軍服ではいかがですか、といった」

刻々迫る処刑時刻

シーボルトたちが対日理事会を開いている戦犯処刑の日（正確には二十三日）、花山師は午前九時から巣鴨プリズン内の仏間で七人に個人面談をはじめた。家族からの伝言を伝えると同時に、死刑囚たちの最後の希望や遺言、家族への伝言などを聞くためのものである。

面談は一人約二時間で、一番目は広田弘毅、次が武藤章、さらに松井石根、板垣征四郎、木村兵太郎、土肥原賢二、そして最後が東条英機で、午後四時五十分に終わった。

七人の面談を終えた花山師は、ただちに最

後の面談の準備に入った。花山師は『平和の発見・巣鴨の生と死の記録』に書いている。
「午後七時から独房に入ることになった。従来の女囚房一階一室に安置してあった仏像を、A級七人のみのいる第一棟一階の一室に移し、ローソク立て、香炉、盛り物台、ブドー酒、チョコレート、ビスケット、コップ、水の用意、並びに線香の用意を調え、仏壇の内外を掃除する。それから三階に上り、中央の一室のドアを開けて、七人が一人ずつ続いて呼び出されて来て、ここで最後の個人面談を行う。三畳の独房の中の、畳二枚の真ん中に毛布を高く積み上げて、これを座とし、後方の独房内取り付けの椅子に一人、房の入口の椅子に一人、それぞれ看視が腰かけ、この房の入口の、看視の直ぐ前に、私が椅子に坐って、独房内の一人一人と相対す。間隔約二、三尺。この時も、別段面会の順序はない。一番奥の一室から、順次呼んで来てもらった。この時はじめて手錠なしである」

最後の面談は午後七時半から松井石根大将を皮切りに始められた。一人三十分ほどで、二番目が広田弘毅元首相、さらに武藤章中将、東条英機大将、板垣征四郎大将、木村兵太郎大将、土肥原賢二大将と続き、午後十一時三十分に終わった。

煌々と電気に照らされた深夜の巣鴨プリズン。
A級戦犯たちの処刑の夜、プリズン内は息を殺して静まりかえっていた……。

花山師が死刑囚たちと最後の面談を終えようとしているころ、死刑執行に立ち会うシーボルトをはじめとする対日理事会の四人の代表たちは、二台のセダンに分乗して巣鴨プリズンにすべり込んだ。二台のセダンと武装憲兵を乗せた護衛のジープは、いずれも米第八軍憲兵隊が派遣したもので、日本人が万が一にも死刑執行の妨害工作に出た場合に備えて取った措置だった。

シーボルトは記している。

「午後十一時五十分かっきり、われわれは、電気が明々と輝き、暖房のきいた本館から、暗黒と寒気に包まれた戸外に出て、歩いて五分ほどで行ける死刑執行室へと向った。重い足を運びながら、誰も一語も話すものはいなかった。われわれは暗闇のなかを、一列縦隊になって進んだ。

扉が開いて、われわれは明るい部屋へ入った。壁にそって、低く狭い高座へとつれて行かれた。われわれの向い側には、長い木製の壇が設けられており、その上に五本の綱がたれ下がり、その末端は環の形になっていた。綱は固く、動く様子もなかった。それぞれ一から五まで番号がついていた。壇には、十三の

花山師の求めで、死刑の直前に7人が認めた絶筆の署名（『平和の発見』より）。

階段がついていた。これは明らかに伝統的な階段の数だった。

公式立会人としてわれわれは、高座に立ったままで、死刑の執行を見守るように求められた。多数の米国陸軍軍医と兵士が、部屋のなかにいた。彼らは、恐ろしい刑の執行が始るのを、待っていた。深い深い沈黙が続いた」

そのときシーボルトたちは突然、沈黙を破る部屋の外の叫び声を聞いた。

ブドー酒と万歳で処刑場へ

最後の面談を終えた花山師は一階の仏間に駈け降り、それぞれのコップにブドー酒（別れの酒）と水（末期《まつご》の水）を注ぎ、死刑囚たちの入室を待った。

刑執行七分前、処刑第一組の四人が土肥原、松井、東条、武藤の順で三階の独房から仏間に降りてきた。それぞれ二人の看視兵に付き添われた四人の両手には手錠がかけられ、その手錠は猿股ベルトに引っかけられていた。自殺や暴力を防ぐためである。服装はいつも着ている米軍の作業衣で、靴は日本製の編み上げ靴だった。

四人は不自由な格好のまま仏前に線香をあげると、花山師の求めに応じてインクを含ませた筆をとり、仏前の奉書に署名をした。さらに花山師からコップ一杯のブドー酒を口に付けてもらって飲み干し、最後にコップの水を飲んだ。そして四人は花山師に深々と頭を下げて「非常にありがとうございました」と礼を述べた。

そのとき武藤中将が、万歳を三唱しようと言った。

「松井さんに」

東条大将が言い、松井大将の音頭で「天皇陛下万歳」を三唱し、さらに「大日本帝国万歳」を三唱した。シーボルトたちが聞いた叫び声は、この死刑囚たちの万歳三唱であった。

処刑時間は刻々と迫っていた。

処刑場に通じる鉄の扉が開いた。当番将校の先導でウォルシュ牧師、続いて花山教誨師が第一棟を出、そのあとを土肥原、松井、東条、武藤の順で続き、中庭を進んだ。処刑場は拘置所西北角の塀に密着して建てられており、室内は電灯で煌々と照らされていた。

南無阿弥陀仏……。四人の口からは念仏の声が絶えなかった。

処刑室の入り口に着くと、花山師は一人一人手を握って「ご機嫌よろしう」と別れの言葉を口にした。

「いろいろお世話になって、ありがとう」

死刑囚たちはそう言い残して処刑場内に姿を消していった。

処刑場に入ってきた四人を見て、シーボルトは「いかにも孤独で、哀れっぽく、悲劇的な様子だった」と回想している。そしてシーボルトは、処刑場面をこう記している。

「彼らは、階段を登って壇の上にあがった。それから四つの落し戸の上に、歩を進めた。彼らはそこに立って、重い沈黙のうちに、われわれと向い合った。もう一度、氏名の確認が行われた。黒い頭巾が、彼らの頭にかぶせられた。綱と環をたしかめると、死刑執行官が、戦犯の死刑執行の準備が完了した旨を報告した。ただ一言鳴りひびいた。

『始め！』

直ちに、四つの落し戸が、ライフルの一斉射撃のような音をたてて、同時にはね返った。

医師が一人、一つ一つ体にさわり、聴診器で心臓の鼓動を調べた。医師長が続いて四つの死体を点検し、やがて『この人の死を宣言す』と報告した」

医師の死亡確認は土肥原が午前零時七分三十秒、東条が午前零時十分三十秒、武藤が午前零時十一分、そして松井は午前零時十三分だった。

戦犯処刑の日に鳴り響いた「平和の鐘」

処刑場の入り口で四人と永久《とわ》の別れをした花山師は、次の三人を迎えるために仏間に戻る途中、背中に「ガタン」という音を聞いた。時計を見た。午前零時一分を指していた。

戦犯の処刑が終わった1時間半後の午前2時5分、前後を憲兵のジープに護られて、7遺体を乗せた2台の大型トラックが深夜の巣鴨プリズンを出た。

12月23日午前1時、GHQのラジオ・トーキョー渉外局は緊急記者会見し、東条大将以下7戦犯の処刑が、同日午前零時1分より35分の間に全部終了した旨発表した。左端が発表する当直将校ホーキンス大尉。

仏間に戻った花山師は、前回とまったく同じにコップにブドー酒と水を注ぎ、第二組を待った。そこに板垣、広田、木村の順で三人が仏間に入ってきた。

「今、マンザイをやってたでしょう」

広田がまじめな顔で花山師に聞いた。花山師は「え？」ととまどいの表情を見せ、「マンザイ？　いや、そんなものはやりませんよ……」と、まじめな顔で応えた。そして第一組の四人と同じく、それぞれに線香を渡して仏前に立ててもらい、インクを含ませた筆を渡して奉書に署名をしてもらった。

花山師は前回と同じくお経（『三誓偈』）を読んだ。その経が終わると広田が言った。

「このお経のあとで、マンザイをやったんじゃないか？」

花山は初めて気がついた。そして言った。

「ああバンザイですか、バンザイはやりましたよ。それでは皆さんも、ここでどうぞ」

すると広田は板垣に言った。

「あなた、おやりなさい」

うなずいた板垣の音頭で、割れるような大声で三人は「天皇陛下万歳！」を三唱した。看視の米兵たちは無表情に見つめていた。

万歳三唱を済ませた三人は、一組目の四人と同じに花山からブドー酒と水を飲ませてもらい、「いろいろお世話になりました。どうぞお大事に、また家族たちをよろしく」と、それぞれに礼を口にして処刑場に入っていった。

再びシーボルトの回想記を開く。

「三人の戦犯からなる第二のグループが、最初と同じ様子で死刑執行室へつれてこられた。板垣、広田、木村の順だった。前と同様に足をひきずるように歩き、同様に沈黙し、意味のわからぬことをつぶやき、また同様に絶望の様子だった。彼らが私の前を通り過ぎるとき、広田は頭をこちらに向けて、私の両眼をしげしげと見つめた。その眼差しは、私に同情と理解とを訴えているようにも思われた。

時計のような正確さで、落し戸がはね返り、医師長が最後の判定を叫んだ。『この人の死を宣言す』と」

死亡確認時刻は板垣が午前零時三十二分三十秒、広田が午前零時三十四分三十秒、木村が午前零時三十五分だった。この七人が処刑されていた午前零時三十分ごろ、拘置所正門

夫の絞首刑執行の報を聞いて、自宅にしつらえた祭壇の前で読経する東条夫人（12月23日）。

記者会見する花山教誨師。花山師は左手に松井大将が、右手に東条大将が最後まで持っていた数珠を持ちながら、7人の最期を語った。

7戦犯が処刑された12月23日、東京の浅草寺では全僧侶の読経のうちに「世界平和大祈願」を行った。

7戦犯処刑の翌24日、東京の築地本願寺に全国の各宗教団体代表たち10数名が集まり、7戦犯の冥福を祈るため、それぞれ巣鴨の方向に向かって合掌、世界平和への祈りを捧げた。

築地本願寺では、平和祈念法要と平和の鐘の「梵鐘12連衝」も行った。

近くにいた人たちの話では、所内から美しい音楽が流れてきたという。

午前一時十分、シーボルト氏たち立会人を乗せた三台の乗用車が巣鴨プリズンの正門から走り去った。二十分後の一時三十分、ジープで拘置所に乗りつけた一人の外国人記者が、正門に向かって「ビッグ・ニュース！」と怒鳴って開門を求めた。その直後、自動小銃を持った二人の衛兵が正門の警備に走ってきた。

午前二時五分、二台のジープに護られて、七つの棺《ひつぎ》を乗せた大型幌付トラック二台が正門を出た。トラックは川越街道を右に折れ、深夜の街に消えていった。

この日、昭和二十三年十二月二十三日正午、日本の神社仏閣や教会の鐘が一斉に鳴り渡った。東京の築地本願寺と浅草寺では「世界平和大祈願法要」と銘打って、処刑された戦犯たちに対して祈りが捧げられた。

ちなみにこの日は皇太子（現天皇）誕生日だった。起訴状伝達が昭和天皇の誕生日で、判決朗読開始日が紀元節だったことを思うと、人々は「世界平和祈願」の鐘の音を複雑な想いで聴かざるを得なかった。

失敗した遺骨奪取作戦

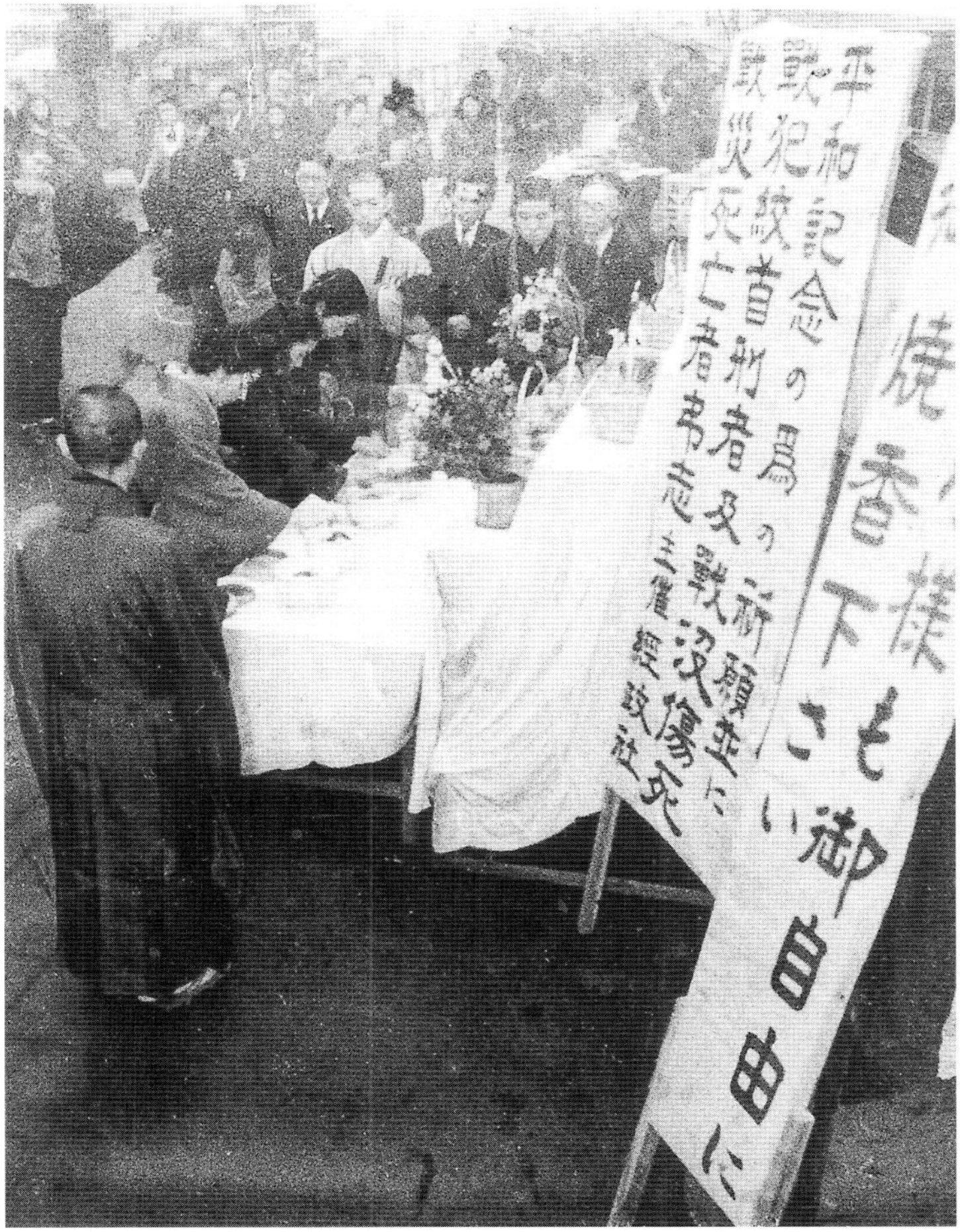

7戦犯処刑4日後の12月27日、東京・銀座の数寄屋橋畔で「街頭供養」が行われ、道行く人々の目をひいた。

横浜市営火葬場で焼かれた七遺体

世紀の処刑を終えた巣鴨プリズンは、真冬の寒気に包まれていた。その絞首刑直後の生々しさが消えやらない処刑場に二台の幌付トラックが横付けされ、粗末な寝棺が次々積み込まれた。寝棺には一から七までの番号が付けられていた。

十二月二十三日午前二時五分、二台のジープに護衛された幌付トラックは、拘置所の門を出るとフルスピードで深夜の国道を突っ走り、午前七時過ぎ、横浜市営の久保山火葬場（西区）に走り込んだ。

火葬場の出入り口はすべてカービン銃で武装した米兵でかためられ、中に入ることを許されたのは飛田火葬場長と火夫三名だけだった。七つの棺《ひつぎ》がトラックから降ろされ、釜の前に運ばれた。広田元首相の棺には血の流れ出た跡がくっきりと残っていた。

ただちに七つの釜の扉が開けられ、一つ一つに棺が入れられて点火された。

火葬は一時間半ほどで終わり、米兵の監視の中で火が消され、再び釜の扉が開けられた。引き出された七人の遺骸は台車の上で完全に白骨化していた。飛田場長と三人の部下は、米兵の監視の目を盗んでそれぞれ七体の遺骨の一部を素早くかすめ取った。作業はすべて計画どおりに進み、目的は果たされたかに見えた……。

東条大将の勝子夫人たちは、かねてからブルーエット弁護人を通じて、もし夫たちが死刑を執行されたときは、遺族に遺骸を引き渡してくれるようマッカーサー元帥に嘆願していた。しかしGHQからは何の回答も得られなかった。

このことを弁護人の三文字正平氏（小磯国

昭被告の弁護人〉は、七戦犯が絞首刑判決を受けた十一月十二日の夕方に知った。そして七戦犯の遺骨奪取を胸に誓った。それは、ニュルンベルク裁判で死刑にされたドイツのゲーリング元帥たちの遺骨が、粉砕されて飛行機からバラまかれたと聞いていたから、日本の死刑囚の遺骨も同じようにされるに違いないと考えたからだった。

三文字弁護人は情報集めに走った。そしてある日、親しくしているアメリカ人検事から、死刑執行はクリスマスの直前で、場所は巣鴨プリズン内で行われるということを偶然に聞いた。さらに遺体は米軍関係の死体を焼いている横浜の市立久保山火葬場で荼毘《だび》に付されるという。

三文字弁護人は〈なんとかなる!〉と膝をたたいた。三文字弁護人は久保山火葬場に隣接する興禅寺の市川伊雄住職とは懇意の間柄で、さらに半年ほど前に亡くなった奥さんを火葬に付したのは興禅寺下の久保山火葬場だったからだ。

三文字弁護人はさっそく興禅寺の市川師を訪ね、東条元首相をはじめとする七戦犯の遺骨奪取計画を相談した。戦時中には海軍将校の精神訓話なども行っており、東京裁判も何回か傍聴している市川師だったが、しばし黙考していた。三文字弁護人と同じくA級戦犯だった橋本欣五郎被告の弁護人だった林逸郎氏編著の『敗者』によれば、ここで市川師は意を決したように言ったという。

「わたくしもおよばずながら、できるだけの助力をいたしましょう。ついては、今明日中にでも、久保山火葬場の場長をしている飛田さんを呼んで相談してみましょう。幸い、飛田さんとは大変懇意にしておりますから……」

数日後、市川住職は飛田美善場長とともに三文字弁護人宅を訪れた。三文字弁護人は二人に東京裁判の経過と不公正を話し、ニュルンベルク裁判のドイツ人処刑者の遺骨は粉砕されて大西洋上に吹き飛ばされ、遺族には一片の遺骨も渡されなかったことなどを熱っぽく語った。

話を聞き終えた飛田場長は、きっぱりと言った。

「自分はこれまで米軍関係の死体を、すべて久保山火葬場でだびに付する仕事を、ずっと受けもってまいりましたので、幸い、アメリカ人火葬の指揮官である大佐ともかなり親しい関係にありますから、なんとか彼らの隙を見

一時7戦犯の遺骨を預かっていた久保山火葬場前の興禅寺。

最先端の設備を整えた現在の久保山火葬場。

12月24日の午後6時過ぎ、東京・世田谷の東条家を花山信勝師と清瀬一郎弁護人が相次いで訪れた。写真は霊前で語る花山師（左）と勝子夫人、清瀬弁護人（右）。

て、東条さん以下の方々の遺骨の一部を必ず保留いたしましょう」（『敗者』より）

こうして計画は万全のうちにスタートし、そして処刑の日を迎え、七戦犯の遺体は情報どおり久保山火葬場に運び込まれて茶毘に付されたのである。

隠匿に成功した七戦犯の遺骨

飛田場長たちは監視の米兵の眼を盗んでかすめ取った遺骨を、用意していた七つの骨壺に素早く納め、焼却炉の裏側に隠すことに成功した。

ところが、計画は露見してしまった。飛田場長たちは骨壺を隠した場所に線香を手向《たむ》け、密かに戦犯たちの冥福を祈っていたために、香の匂いが流れ出て骨壺は監視の米兵に発見され、没収されてしまった。

米兵たちは七人の遺骨の主要部分をそれぞれ七つの鉄製の器に移すと、鉄棒のようなもので細かく砕きはじめた。

「やがて、彼らは完全に遺骨の一部を粉にしてしまうと、深さ六、七センチ、幅十二、三センチ、長さ十八センチ位の小箱に容れ、1から7までのナンバーをつけた。その小箱は七つとも黒塗りのものであった。将校たちが、その七つの小箱を持ち去ると、飛田さんたちはアメリカ兵の指示で、台上に残っていた遺骨をひとまとめにして、火葬場付属の共同骨捨場に捨てさせられた」（前出書）

しかし三文字弁護人、飛田場長、市川住職の三人はあきらめなかった。今度は共同骨捨場に捨てさせられた残骨を盗み出そうと考えたのだ。

十二月二十五日の真夜中、外套を頭からすっぽりかぶった三人は、わずかな星明かりを頼りに骨捨場に近寄った。コンクリート製の共同骨捨場は約二・五平方メートルの広さで、深さは約四メートルもあった。

狭い骨の投げ入れ口から中を覗くと、かなりの量の真新しい骨片が表面を覆っている。飛田場長は火葬場の長い火かき棒の先に空き缶を結わえ付けた特製の道具を手にし、何度も何度も骨捨場の中から骨片をすくい上げ、一個の骨壺がいっぱいになるまで作業を続けた。骨片はいずれも真新しいもので、七人の戦犯の遺骨に間違いなかった。

集められた遺骨は湿気をとるために密かに焼き直され、市川住職の興禅寺に預けられた。七戦犯の遺骨は、万が一米軍にとがめられたときのために、上海戦で戦死した三文字弁護人の甥・正輔の遺骨ということにされた。

翌昭和二十四年五月三日、熱海市伊豆山の興亜観音堂に七戦犯の遺族たちが集まった。遺骨を遺族の皆さんに返そうと、三文字弁護人と市川住職が「法要を営みたい」からという理由で集まってもらったのだった。

興亜観音堂というのは、日華事変当時の中支那方面軍司令官だった松井石根大将が、南京事件をはじめとする日中両国の戦死者を慰霊するため、伊豆山の中腹を切りひらいて戦時中に建立したもので、戦後は松井夫妻が自宅兼用にしていた。

松井宅に集まったのは東条、板垣、木村の三夫人と広田元首相の娘さん、それに松井夫人を加えた五遺族で、三文字弁護人と市川住職から死刑執行後の遺骨の処置を初めて聞き、驚きとともに感涙にむせんだ。そして三文字弁護人が「お預かりしている遺骨を七つにお分けして、皆さまにお返ししたい」と申し出ると、東条勝子夫人が「ちょっとお待ちになって下さい」と遮ったという。

林逸郎の『敗北』によれば、勝子夫人は、もしも遺骨のあることがよそに漏れた場合、先生やご住職、場長さんたちに大変なご迷惑をかける。もう少しの間、どこかに預かっていただき、心配のない時機が来たら分けていただきたいと申し出たのだ。

言われてみればそのとおりで、反対者はいなかった。そして興禅寺から持ってきた遺骨は、三文字正輔の遺骨として興亜観音堂に安置してもらうことになったのだった。

そして現在、これら処刑された七戦犯の遺骨を納めた墓や慰霊碑は全国に三カ所ある。

12月26日、熱海・伊豆山の興亜観音堂（松井石根邸）では、花山師を迎えて回向式が行われた。左端が花山師、その右が松井夫人と東条夫人、花山夫人。

一つは長らく遺骨を安置していた熱海市伊豆山の興亜観音堂に造られた「七士之碑」で、もう一つは昭和三十五年八月十七日に完成、除幕式を行った三河湾国定公園の一角にそびえる三ヶ根山山頂に造られた「殉国七士墓」である。

松井石根大将の出身地である三ヶ根山に墓を建立したのは、三文字正平弁護士をはじめ林逸郎弁護士、清瀬一郎弁護士、菅原裕弁護士ら東京裁判で被告の弁護人を務めた人たちが中心になり、それに地元愛知県の県議や幡豆《はず》町長などの協力を得て完成したものである。

そしてもう一カ所は、長野市赤沼のリンゴ栽培農家の屋敷に造られている「七光無量寿之墓」である。現在の当主は前島興造氏といい、建立者である前島照定氏の子息である。

GHQ、東京裁判の終結を宣言

七人の絞首刑が執行された翌日の昭和二十三年十二月二十四日、GHQは巣鴨に拘置されている他のA級戦犯容疑者の釈放を発表し、併せてA級戦犯を裁く極東国際軍事裁判はこれで終了すると声明した。

すでに多くの「A級戦犯容疑者」は二年半の間に釈放されていて、この日まで巣鴨プリズンや自宅などに拘禁されていたA級戦犯容

昭和37年5月20日、7戦犯を祀った前島邸（長野市赤沼）の「七光無量壽之墓」の前で行われた白菊遺族会（7戦犯の遺族会）の法要。

疑者は次の十九名であった（ＡＢＣ順。地位は戦前のもの）。

安倍源基（元企画院次長、元内務大臣）
安藤紀三郎（元内務大臣）
天羽英二（元情報局総裁）
青木一男（元大東亜相）
後藤文夫（元内相）
本多熊太郎（元駐華大使）
石原広一郎（元石原産業社長）
岩村通世（元法相）
岸　信介（元商相）
児玉誉士夫（元児玉機関長）
葛生能久（元黒龍会会長）
西尾寿造（元支那派遣軍総司令官）
大川周明（著述家）
笹川良一（元国粋大衆党首）
須磨弥吉郎（元スペイン公使）
多田　駿（元北支那方面軍司令官）
高橋三吉（元軍事参議官）
谷　正之（元内閣情報局総裁、外相）
寺島　健（元逓相）

この十九名のうち多田は十二月十六日に、本多は十八日に死去している。この結果、終戦直後にA級戦犯容疑で拘禁された約六十名の中で、この日以後も拘束されていたのはGHQ裁判にかけられている元連合艦隊司令長官豊田副武海軍大将と、元俘虜情報局長官田村浩陸軍中将の二人だけになった。

GHQ裁判の法廷に使われた東京・丸の内の三菱仲11番館。

田村中将と豊田大将が裁かれた丸の内法廷。右上は捕虜虐待の罪を問われて起訴された田村中将の裁判（昭和23年10月29日）。右は法廷の豊田大将（左）と、A級戦犯に続いて豊田大将の弁護人も務めたブレイクニー中佐。

ＧＨＱ裁判とは、Ａ級戦犯容疑で拘禁中の容疑者の中で「通例の戦争犯罪」について重大な責任があり、その戦争犯罪の立証が可能と思われる者、すなわち豊田と田村両被告のために特設された〝米軍裁判〟で、当初の法廷は東京・丸の内の三菱仲十一番館が使われた。のちに青山の日本青年館に移されたことなどから、「丸の内裁判」とか「青山裁判」などとも呼ばれた。ちなみに田村被告は昭和二十四年（一九四九）二月二十三日に重労働八年の判決が言い渡され、豊田被告は九月六日に無罪が言い渡された。

豊田、田村両将軍を裁いた丸の内裁判の裁判官たち。

懲役8年の判決を受ける田村被告。

法廷でフランクリン・ウォーレン弁護人（左）と語る田村被告。

●東京裁判関係年表

昭和20年（1945）

8月10日 **日本政府、ポツダム宣言を受諾決定。**

8月15日 **日本政府、連合国に無条件降伏。**

8月30日 **ダグラス・マッカーサー米陸軍元帥（連合国軍最高司令官）、神奈川県厚木の海軍飛行場に到着。マ元帥、米第八軍対敵諜報部長ソープ准将に戦争犯罪人のリストアップを命じる。**

8月31日 ソープ准将、ポール・クラウス中佐に東条英機大将の逮捕を命じる。

9月2日 東京湾上の米戦艦「ミズーリ」で日本と連合国の降伏調印式。

9月8日 マッカーサー元帥、東京・赤坂の米大使館に到着、国旗掲揚式を行う。この日、米第一騎兵師団主力八千人、東京・代々木の練兵場に進駐。

9月9日 ソープ准将、東条大将以下四十三名の第一次戦犯リスト（A級）をマ元帥に提出。

9月10日 米軍、東条以下四十三名の戦犯容疑者名を発表（十一日付新聞掲載）。

9月11日 GHQ、東条大将の逮捕命令を発表。午後四時二分、クラウス中佐一行が東条邸に到着。同四時十九分、東条大将、ピストル自殺を図り（未遂）、横浜の米軍野戦病院に運ばれる。

9月12日 嶋田繁太郎海軍大将逮捕。日本政府、戦犯容疑者の勾留・引渡しは日本側が行う旨GHQに申し入れ、許可される。

杉山元陸軍元帥ピストル自殺、夫人も後を追う。

9月13日 元厚相小泉親彦軍医中将、軍刀で自刃。

9月14日 元文相橋田邦彦、逮捕直前に服毒自殺。

この日、逮捕状の出ている東条内閣時代の閣僚のうち元蔵相賀屋興宣、元法相岩村通世、元農相井野碩哉、元国務相鈴木貞一、元フィリピン大使村田省蔵らが相次いで横浜の米第八軍司令部に出頭。

9月16日 元逓信相寺島健、米第八軍司令部に出頭。

9月17日 マッカーサー元帥、東京・日比谷の第一生命ビル（GHQ）に初登庁。

9月27日 **昭和天皇とマッカーサー、米大使館で初会見。**

10月4日 GHQ、日本政府に「政治犯の即時釈放、思想警察その他一切の類似機関の廃止、内務大臣その他警察関係首脳部と全国の関係官吏の罷免、市民の自由を弾圧する一切の法規の廃止乃至は停止」を指令。

10月5日 東久邇宮内閣総辞職。幣原喜重郎内閣発足。

嶋田繁太郎海軍大将、賀屋興宣元蔵相ら第一次逮捕者二十一名、横浜刑務所から東京・大森の旧陸軍俘虜収容所に移される。

10月7日 東条大将、米陸軍野戦病院から大森俘虜収容所に移される。

10月 中国、日本の戦犯リスト三百名の筆頭に昭和天皇を挙げ、米国務省経由でマッカーサー総司令部に送る。さらに近衛文麿、東久邇宮、米内海相らも入っていた。

10月30日 連合国十カ国の代表からなる極東諮問委員会（FEAC）発足。

11月9日 GHQ、アメリカの刑事弁護士ジョセフ・B・キーナンが東京裁判の首席検事に任命されたことを発表。

元首相近衛文麿、東京・芝浦岸壁に停泊の米砲艦上で米戦略爆撃調査団の調査・質問を受ける。

11月19日 十一名の大物戦犯容疑者が新たに発表される（荒木貞夫、南次郎、真崎甚三郎、松井石根、本庄繁、小磯国昭の各陸軍大将に元政友会総裁久原房之助、元黒龍会幹事葛生能久、元外相松岡洋右、元駐伊大使白鳥敏夫、元言論報国会理事長鹿子木員信）。

11月20日 本庄繁大将、東京・青山の陸軍輔導会理事長室で自決。

巣鴨プリズン（拘置所）オープン。

11月23日 荒木貞夫、葛生能久の二人、巣鴨プリズン出頭第一号となる。

11月28日 オーストラリア、ニュージーランド両政府、昭和天皇と近衛を含む戦犯リストを極東諮問委員会に提出。

12月2日 新たに五十九名の戦犯逮捕命令が発表され、日本国民に衝撃を与える。平沼騏一郎、広田弘毅の両元首相をはじめ陸海軍と政財官界のトップとともに、梨本宮元帥の名もあったため、天皇逮捕の伏線ではないかと思われた。

12月6日 近衛文麿、木戸幸一など九名に戦犯容疑で逮捕命令出る。

午後七時、キーナン首席検事、十九名の検事を含む三十八名のスタッフとともに厚木飛行場に到着。

12月8日 大森俘虜収容所の東条大将たちA級戦犯容疑者、巣鴨プリズンに移される。

12月16日 近衛文麿、自宅寝室で服毒自殺。午前六時ごろ夫人が発見。

木戸幸一、大島浩中将（前駐独大使）など巣鴨プリズンに出頭。

12月27日 モスクワで開かれた米英ソ三国外相会議で極東諮問委員会をソ連を加えて「極東委員会」とすることを決定。

昭和21年（1946）

1月1日 昭和天皇、〝人間宣言〟をする。

巣鴨プリズン収監の戦犯容疑者たちは自室前に出て宮城遥拝、君が代を斉唱。

1月3日 マニラで本間雅晴陸軍中将の戦犯裁判始まる。

1月15日　心臓疾患のため入所が遅れていた広田弘毅元首相、巣鴨に入る。
1月21日　シンガポールで英軍の戦犯裁判始まる。
1月22日　**マッカーサー元帥「極東国際軍事裁判所」条例を布告。**
2月3日　ウィリアム・ウェッブをはじめとするオーストラリアの判事・検事団、ニュージーランド代表の判事たちとともに東京着。マッカーサー、ウェッブに裁判長就任を要請、ウェッブ快諾。
2月11日　マニラの米軍法廷で本間中将に死刑判決。
2月15日　**マッカーサー元帥、東京裁判の判事九名を任命。**
2月21日　サイゴン(現ホーチミン市)で仏軍の戦犯裁判始まる。
3月9日　GHQ、日本による戦犯裁判の禁止を口頭で指令。
3月23日　東京裁判の法廷に当てられる東京・市ヶ谷の旧陸軍士官学校大講堂の改装工事が完了。被告席は二十五だった。
4月13日　梨本宮と郷古潔(元三菱重工社長)釈放される。
夕方、判事のザリヤノフ少将、ゴルンスキー検事たち四十六名を乗せたソ連の巡洋艦が東京港に入港。
4月16日　市ヶ谷法廷でマイクやイヤホーンの調子を確かめる模擬裁判行われる。
北京で中華民国による戦犯裁判始まる。
4月19日　米司法省が用意した弁護士二十五名が来日、日本人弁護団と打ち合わせ。
4月21日　マッカーサー元帥、A級戦犯の起訴状にサイン。被告はビルマから木村兵太郎大将、佐藤賢了中将が連行され、さらに板垣征四郎大将も加えられたため二十五名から二十八名に増える。
4月26日　極東国際軍事裁判所条例を一部改正。
4月27日　ソ連のゴルンスキー検事、阿部信行陸軍大将、真崎甚三郎陸軍大将を被告からはずし、替わりに重光葵元外相、梅津美治郎陸軍大将を加えることを強硬に主張、この日両名の逮捕指令発せられる(二十九日逮捕)。
4月29日　**A級戦犯二十八被告に、巣鴨プリズンで起訴状が手渡される。**
5月1日　戦後初のメーデー(「米よこせ」メーデー)。
5月3日　午前十一時二十分、「極東国際軍事裁判所」開廷する。
午後の法廷で、大川周明被告が東条英機被告の頭を後ろからペタンとたたく。翌日、米軍野戦病院に収容され、精神病と診断される。
5月6日　清瀬一郎弁護人、法廷で裁判官忌避動議を出す。
5月9日　松岡洋右元外相、結核悪化のため巣鴨プリズンから東京・両国の米陸軍第三六一野戦病院に収容される。
5月13日　清瀬弁護人、法廷で管轄権問題の動議を提出。
5月17日　**インド代表判事ラーダ・ピード・パル、判事団に加わる。**
5月18日　早朝、広田弘毅元首相夫人、薬物自殺。

6月4日　キーナン検事の冒頭陳述行われる。
6月9日　キーナン検事、二週間の予定で帰国。ワシントンで開かれる極東委員会への裁判の報告と天皇問題を進言するため。
6月13日　キーナン検事、ニューヨークで「日本の天皇は戦争犯罪人として裁判しないことを決定している」と声明。
6月18日　検事側立証開始、被告たちの主要履歴の朗読始まる。
6月25日　幣原喜重郎前首相、証人として出廷、満州事変前後の政治状況を初証言。
6月27日　**松岡洋右被告、東京帝大病院で死亡。**
7月5日　田中隆吉陸軍少将、検事側証人として初出廷、波紋を呼ぶ。
7月6日　田中隆吉の証言続く。橋本、板垣、南、土肥原、梅津など各被告が名指しで"糾弾"される。鈴木貞一被告「田中隆吉証言。全ク売国的言動ナリ。精神状態ヲ疑ハザルヲ得ズ」と日誌に記す。
7月13日　米国代表判事ジョン・ヒギンズがマサチューセッツ州高裁裁判長に就任のため帰国、後任にマイロン・クレーマー陸軍法務少将が任命される。
7月21日　キーナン検事、米国から帰任。
7月26日　ニュルンベルク裁判の最終論告行われる。
8月1日　個人の資格である日本人弁護人が官選となり、終戦処理費から月給が支給されることになる。
8月5日　インドネシアのバタビアで蘭軍の戦犯裁判開始。
8月7日　GHQ渉外局、元満州国皇帝溥儀の東京裁判出廷(検事側証人)を発表。
8月9日　溥儀、ウラジオストクから厚木飛行場に到着。
8月15日　**「南京虐殺事件」の立証始まる。**検事側証人のマギー牧師、南京大学のベイツ教授の証言は日本人に衝撃を与える。
8月16日　**溥儀の証言始まる。**
8月20日　溥儀のウソだらけの検事側証言が終わり、午後から弁護側の反対尋問が開始され、二十七日まで続く。
8月31日　A級戦犯未起訴組の伯爵有馬頼寧、元同盟通信社長古野伊之助、元農相井野碩哉、元法相塩野季彦など釈放される。
9月5日　満州、華北における日本の阿片政策の検事側証人として出廷した森岡皐陸軍中将をめぐってウェッブ裁判長とキーナン検事が対立。
9月17日　第四軍司令官草場辰巳中将、関東軍参謀副長松村知勝少将、関東軍作戦参謀瀬島龍三中佐、検事側証人としてソ連のウラジオストクから空路羽田に着く。
9月19日　**日独伊関係の検察側立証開始**(二十七日まで)。
9月20日　草場中将、宿舎に指定された丸の内の三菱ビルでナゾの自殺。
10月1日　ニュルンベルク裁判の判決が言い渡される。ゲーリング以下十二名絞首刑、ルドルフ・ヘスら三名終身刑。

10月8日 ソ連による日本の「対ソ侵略戦争」の立証始まる（二十一日まで）。
10月15日 ゲーリング、青酸カリで服毒自殺。
10月16日 ニュルンベルク体育館でナチス戦犯の絞首刑執行される。
11月1日 検事論告、**太平洋戦争問題（英米対日本の関係）に入る**。二十七日まで。
11月2日 巣鴨のA級被告は四号棟から五号棟の独房に移される。ゲーリング自殺の教訓からの予防措置。
11月3日 日本国憲法公布される。
11月4日 独房の湿気が多く、平沼騏一郎元首相体調を崩して入院。
11月14日 この日から、法廷から帰ると全裸で廊下に並ばされ、口腔から肛門まですべての穴が厳重に検査され始めた。青酸カリの隠匿を発見するため。
11月18日 米国務省顧問バランタイン氏初出廷、日米開戦について証言。
11月25日 開戦時の米太平洋艦隊司令長官リチャードソン大将出廷、日本の真珠湾奇襲攻撃について証言。
12月3日 日本の「蘭印侵略問題」の検事陳述に入る。
12月10日 比島における「戦争法規違反問題」（住民虐殺、バターン死の行進など）の陳述開始（十六日の午前まで）。
12月16日 全東南アジア、南太平洋各諸島における「戦争法規違反問題」の検事立証始まる（二十二年一月十七日まで）。田中隆吉少将、検事側証人として再び出廷。
12月28日 キーナン検事、帰米。
12月31日 南次郎被告、突如としてトレードマークのアゴヒゲを剃り落とす。

昭和22年（1947）

1月2日 法廷再開。
1月5日 海軍大将永野修身被告、急性肺炎で急死。享年六十六。
1月24日 **検事側立証終了**。前年の六月四日にキーナン首席検事の陳述によって始まった検事団立証は公判開廷百六十九回、出廷証人延べ百四人（実員九十四人）、提出書証は二千二百八十二号に達した。
この夜、高松宮を主賓に清瀬一郎、三文字正平両弁護人に元海軍省軍務局長保科善四郎中将を接待役に、主要米人弁護人を東京・下目黒の料亭「花宮」に招宴した。東京は大雪。
1月27日 弁護側の公訴棄却動議（検事側の有罪証明が不十分であったことを被告側から主張し、公訴の却下と被告の釈放を要求する手続き）の提出朗読と検事側の反駁弁論始まる（三十一日まで）。
2月3日 ウェッブ裁判長、公訴棄却動議を却下し、弁護側立証を開始する二十四日まで休廷を宣言。
2月24日 清瀬一郎弁護人の冒頭陳述を皮切りに**弁護側の反証開始**。清瀬陳述の内容に同意しない平沼、重光、広田、土肥原四被告は冒陳不参加を表明。
2月25日 ローガン弁護人の**一般段階の冒頭陳述**をもって被告側の証拠提出始まる。
3月3日 ブレイクニー弁護人、法廷で米国の原爆使用について批判的発言をする。
3月5日 デイビッド・F・スミス弁護人の「法廷は弁護人に対し不当な干渉をしている」という発言に対し、ウェッブ裁判長は「法廷を侮辱した」と陳謝を要求、論争となる。スミス弁護人が拒否すると、判事団は同弁護人を「今後の審理から除外する」と宣言。
この夜から巣鴨プリズンでは就寝の際は頭を廊下側にし、首から上を出して寝なければならなくなる。自殺警戒のためという。風邪罹患者続出。
3月18日 弁護側の一般問題の立証終わり、**満州問題**に入る（四月二十二日まで）。
3月24日 ウェッブ裁判長、弁護側証人の続出に音をあげ「今後現れる全証人は、すべて宣誓口述書によって証言を行うこと」と宣言。
4月9日 ウェッブ裁判長、**大川周明被告の審理除外を宣言**。
4月11日 南次郎、被告証人第一号として証人台へ（十六日まで）。
4月22日 弁護側の「中華民国に関する立証」始まる（五月十六日まで）。
4月26日 中国政府、南京事件の戦犯として谷寿夫中将（事件当時の第六師団長）を南京法廷で裁き、この日、南京城外の雨花台で処刑。
4月29日 中国共産党関係文書の提出・受理を巡って検察と弁護双方の間に論争起こる。
5月1日 極東国際軍事裁判所による**元陸軍中将石原莞爾の出張訊問始まる**。酒田商工会議所二階が臨時法廷になる。
5月3日 皇居前広場で新憲法発布の記念式典が行われる。
5月5日 南京事件の弁護側反証始まる。
5月8日 ラザラス弁護人、文書作成用の紙が無いので翌朝は休廷にしてほしいと申し出る。世界的紙不足の影響。
5月16日 **ソ連に関する立証始まる**（六月十日まで）。
6月12日 **太平洋戦争関係の反証始まる**（九月九日まで）。冒頭は三国同盟関係。
6月20日 弁護側の立証準備と健康上の理由から六週間の休廷申請が出され、この日から八月三日までの休廷が認められる。
6月25日 ウェッブ裁判長、全検事と全弁護人を市ヶ谷法廷に集め、審理の迅速化を要請し、年内終了を申し渡す。
8月1日 フィリピンで「マニラ法廷」開始される。
8月4日 法廷、再開される。判事四名欠席、傍聴席も空席が目立つ。高橋義次弁護人、太平洋戦争に関する弁護側の冒頭陳述を行う。
8月5日 ローガン弁護人とウェッブ裁判長の間に**昭和天皇の戦争責任について論争**が起こり、ウェッブは天皇に戦争責任ありと明白な態度を見せる。
8月11日 キーナン検事戻り、法廷に姿を見せる。

8月13日　開戦に至る日米交渉に関する弁護側立証が開始され、二十日まで続く。この間、対米最後通告の遅延問題で日米当事者の証言があり、遅延の原因が明らかにされる。

8月21日　日本海軍の戦争準備、南洋群島要塞化などに対する反証始まる。「異色の冒頭陳述」と好評。

8月26日　陸軍関係の弁護側立証始まる。「冒頭陳述というより、むしろ最終弁論だ」と酷評される。

8月28日　捕虜並びに一般人の虐待・殺害等に関する反証に入る。

9月1日　起訴された二十八名以外のA級戦犯容疑者二十三名の釈放が発表される。

9月5日　ウェッブ裁判長と「不当な干渉」という言葉をめぐって三月五日以来退廷していたスミス弁護人が発言を求め、他意はなかった旨述べようとしたが、梅中国判事とウェッブの拒否にあい、正式に弁護人を辞職する。

9月10日　合計百三日にわたった弁護側の一般立証が終わり、**個人立証開始**。荒木被告からアルファベット順に始まる。

夫人の依頼で小倉市の満福寺住職が東条被告の戒名を用意したという報道が出る。「英照院釈慈光明朗居士」という。

10月10日　キーナン検事「天皇と実業界に戦争責任なし」と声明。

10月14日　木戸被告の個人立証始まる。

10月17日　検事の個人立証に対する反対尋問始まる。

キーナン検事をはじめとする検事団、小石川の三井ハウスで岡田啓介、若槻礼次郎、米内光政、宇垣一成の四氏を招待してもてなす。

11月6日　四王天延孝などA級未起訴組五名が追加釈放される。

11月10日　ウェッブ裁判長が一時帰国。

11月24日　松井被告の証言始まる。

12月4日　嶋田被告の個人立証始まる。

12月12日　ウェッブ裁判長、東京に帰着。

12月15日　東郷被告の個人立証始まる。

12月26日　東条被告の個人立証始まる。

12月31日　キーナン検事、東条の尋問過程で昭和天皇の戦争責任問題が表面化しそうになる。

休廷に入る。

昭和23年（1948）

1月2日　法廷再開される。

1月6日　東条被告、キーナンの質問に「開戦は天皇の意思ではなかった」と明確に答え、天皇の戦争責任問題に決着を与える。

1月8日　夜、マッカーサー元帥はウェッブ裁判長とキーナン検事を総司令部に招き、**天皇不起訴**を決定する。

若槻、岡田、宇垣の三人、キーナン検事を熱海に招待（米内は病気欠席）。

1月12日　弁護側の補充立証終わり、検察側の反駁立証開始（一月三十日まで）。

検事側は「西園寺原田回顧録」（『原田日記』）を証拠として正式提出。

1月30日　弁護側の再反駁立証開始。

2月10日　東京裁判の事実審理終了。

2月11日　紀元節。**キーナン検事の最終論告**に続き、各国検事による論告が始められる。

2月13日　キーナン検事が帰米。

スミス弁護人、正式にGHQ法務部長カーペンター大佐に辞表を提出。

3月2日　最終論告終わり、**弁護側の最終弁論始まる**。

スミス弁護人、横浜から米軍輸送船で帰国。

3月11日　被告個人の最終弁論に入る。

4月15日　個人弁論終わり、**東京裁判の審理終了**。

8月2日　二世通訳九名、日本人通訳二十六名など、判決文の翻訳のためハットリ・ハウス（東京・芝白金）に集められる。

10月16日　カニンガム弁護人、米弁護士協会全国大会の発言でウェッブ裁判長から解任される。

10月29日　豊田副武海軍大将と田村浩陸軍中将に対する米軍裁判（丸の内法廷）始まる。

11月4日　**東京裁判の判決文朗読始まる**。

11月12日　晴天。**A級戦犯二十五被告に判決下る**。絞首刑七名、終身禁固刑十六名、有期刑二名。午後四時十二分、極東国際軍事裁判閉廷される。

11月22日　第一生命ビルのマッカーサー元帥の部屋に十一カ国の対日理事会代表が集まり、判決支持の決定をする。

11月24日　マッカーサー元帥、第八軍司令官に判決通り刑の執行を行うよう命令し、声明を発表。

11月26日　ウェッブ裁判長、キーナン首席検事帰国。

11月29日　ブラナン、スミス両弁護人、米連邦最高裁判所に人身保護令（ヘビアス・コーパス）を求める訴願を提出。

11月30日　GHQ、米連邦最高裁で訴願の決着がつくまで刑の執行を延期すると発表。

12月20日　米連邦最高裁、米人弁護団による戦犯被告のための訴願を却下。

12月21日　マッカーサー元帥、二日後に死刑囚の刑執行を命令。

12月23日　午前零時一分から巣鴨プリズンで**絞首刑判決七被告の処刑が行われる**。

12月24日　GHQ、岸信介らA級戦犯容疑者十九名の釈放を発表。

●主要参考文献

『東京裁判』朝日新聞法廷記者団著・東京裁判刊行会
『東京裁判』朝日新聞東京裁判記者団著・朝日文庫
『私の見た東京裁判』冨士信夫著・講談社学術文庫
『東京裁判』児島襄著・中公文庫
『秘録東京裁判』清瀬一郎著・読売新聞社
『敗者』林逸郎編著・二見書房
『キーナン検事と東條被告』近藤書店出版部
『東條英機宣誓供述書』東京裁判研究会編・洋洋社
『東京裁判ハンドブック』東京裁判ハンドブック編集委員会・青木書店
『25被告の表情』読売法廷記者共著・労働文化社
『共同研究パール判決書』東京裁判研究会・東京裁判刊行会
『平和の発見・巣鴨の生と死の記録』花山信勝・朝日新聞社
『日本占領外交の回想』W・J・シーボルト著、野末賢三訳・朝日新聞社
『占領秘録』住本利男編・毎日新聞社
『戦後風雲録』森正蔵著・鱒書房
『平和宣言第一章』野村正男著・日南書房
『対日占領政策の形成』森田英之著・葦書房
『東京裁判を問う』細谷千博、安藤仁介、大沼保昭編・講談社学術文庫

●あとがき

毎年のように、夏を迎えると政治家たちの靖国神社参拝問題が騒がれる。その大きな理由は、靖国神社には東京裁判で絞首刑の判決を受け執行された七名を含むA級戦犯たちも合祀《ごうし》されているからである。

靖国神社は、明治二年、東京九段に創建された招魂社が、明治十二年、靖国神社と改称、別格官幣社に列格されたもので、当初は明治維新の「国事殉難者」と以降の戦没者を祭神として合祀し、その後、台湾出兵、日清戦争、日露戦争、第一次世界大戦、日中戦争、太平洋戦争などの戦没者を新しい祭神に加えてきた。

戦前の靖国神社は陸海軍省の所管であった。祭神がどのように決められていたかは秘密であったが、戦死、戦病死、戦傷死、あるいは公務殉死した軍人や軍属を陸海軍省が一定の基準に従って選定し、勅裁を経て靖国神社に合祀していたと言われている。

しかし終戦によって陸海軍省は廃止され、靖国神社は他の神社仏閣と同じ民間の一宗教法人になった。その民間の宗教法人が膨大な大東亜戦争（太平洋戦争）の犠牲者を調査・選定することは不可能なので、厚生省が合祀者の選定作業を行うことになったという。

厚生省は選考の基準を「戦傷病者戦没者遺族等援護法」と「恩給法」のいずれかに該当する者という基準を立て、昭和三

十一年に「靖国神社合祀事務に関する協力について」という通達を都道府県に出した。そこで各都道府県では祭神の選考を行い、カード（祭神名票）に祭神名を記入して靖国神社に送り、靖国神社はその祭神を合祀するという方法が採られるようになった。これを靖国神社は「官民一体の共同作業」と言っている（政府の行為について憲法との関連が問題になりうるが、ここでは立ち入る余裕がない）。

一般に「十五年戦争」とも言われる満州事変以来の対外戦争では、己の権力欲と名誉欲、自己保身のために国民を誤誘導した一部の軍首脳や政財界人は別として、大半の人たちは国のため、親兄妹妻子のためと真から思い、出征し、戦い、そして命を落としていった。その人たちを祀《まつ》り、霊を慰めることに境界はあるまい。問題は国民を誤誘導した軍首脳や政治家の責任で、それは決して許されるべきではないし、曖昧にして風化させるべきではない。

靖国神社によれば、戦後、連合国（戦勝国）の戦争裁判によって刑死した人たちの「祭神名票」が、昭和三十四年から靖国神社に送られてくるようになり、合祀されたという。A級戦犯については、昭和四十一年二月に絞首刑にされた七名と未決で巣鴨プリズン収監中に亡くなった七名の計十四名の「祭神名票」が送られてきた。そして昭和四十六年に崇敬者総代会で合祀が了承され、昭和五十三年に合祀されたものという。

戦犯に問われた軍人の「祭神名票」を送った側が根拠としているのは、昭和二十八年八月に「援護法」と「恩給法」が改正され、戦犯の遺族にも戦没者遺族と同じの遺族年金、弔慰金、扶助料などが支給されるようになり、さらに講和条約発効後釈放された元受刑者にも恩給が支給されるようになったことを挙げている。こうした一連の流れから、靖国神社は「戦犯の合祀が歴代政府の厚生行政の一環として行われたことは明らかです」（『靖国神社関係資料』）といい、「戦犯合祀は官民一体作業」であると述べている。

外地で行われた戦勝国による戦犯裁判（BC級）のなかには、明らかな人違いやデッチあげと思われる罪で処刑された人たちが少なくないことは、いまや周知の事実である。かといってすべての裁判と判決を否定することはできないし、それはA級といわれた戦犯を裁いた東京裁判にもいえる。A級で起訴された二十八名の戦犯だった人たちの中には、どうしてこの人が起訴されたのかと首を傾げたくなる人もいた。たとえばオランダ代表裁判官レーリンクが「意見書」で挙げた被告たちもそうである。

外地でのBC級裁判については当然であるが、東京裁判も「勝者の裁き」であったことは間違いない。だからといって、裁判そのものの全面否定はできまい。東京裁判が果たした「真実の追究」は、戦後の日本人に大きな財産になったことは事実だからである。

私は、靖国神社に合祀されている多くの英霊——国のため、親兄妹や妻子のためと思って戦い、死んでいった人たち——に頭を下げ、参拝することには何の違和感もない。しかし、わが国土とアジア諸国を廃墟の巷と化した責任ある軍人や政治家たちに頭を下げることには、大いに違和感を覚える。

戦没者に対する気持は千差万別であろう。かつて私は、南海の孤島で散った将兵の遺骨収集に参加したことがある。そして頭蓋骨を両手で持ち、涙したことがある。だが、その時の感情を人に押しつける気持はない。靖国参拝も同じで、一人一人が自由な気持で行ったらいい。首相だとか、大臣だとか、社長だとか、参拝に俗世の肩書きはいらない。参拝やお参りは鳴り物入りで行うものではなく、一人静かに行うものと思う。

◉編者

太平洋戦争研究会

日中戦争、太平洋戦争取材・執筆・編集グループ。同会の編集による河出書房新社の図説シリーズ「ふくろうの本」で『太平洋戦争』『アメリカ軍が撮影した占領下の日本』『満州帝国』『日本海軍』『第二次世界大戦』『日露戦争』『日中戦争』『秘話でよむ太平洋戦争』がある。代表は平塚柾緒。

◉著者

平塚柾緒（ひらつか・まさお）

一九三七年、茨城県生まれ。出版プロダクション「文殊社」代表。太平洋戦争研究会、近現代史フォトライブラリー主宰。主な編著書に『米軍が記録した日本空襲』（草思社）『ガダルカナルの戦い』（同）、日米中報道カメラマンの記録『日中戦争』（翔泳社）、『図説・太平洋戦争』（共著・河出書房新社）『図説・満州帝国』（同）『図説・日露戦争』（同）等がある。

掲載写真の出典

アメリカ国防総省 カバー, p.5, 12, 15-17, 20, 23, 24上, 25-26, 27右, 28-35, 38-51, 53-62, 70右・左下, 71右上下, 72下, 73下, 75右下, 76-89, 91, 94-101, 104-106, 115-118上, 119左上中, 120中・下, 122-128, 130, 133, 144, 145

ＧＨＱ検閲資料 p.24下, 36, 52, 64, 65-68, 73上, 102, 103, 118中下, 119右・左下, 120上左右, 131, 134上, 136-139, 141, 142

アリゾナ記念館 p.2-3

近現代フォトライブラリー p.1, 4, 6-11, 92右, 93, 132, 134下, 140, 143

『国際写真情報』（国際情報社）p.13下, 18-19, 27左, 70左上, 71左, 72上, 74左, 75左

『歴史写真』（歴史写真会）p.69, 74右, 75右上, 90上

『世界画報』（国際情報社）p.90下, 92左

『アサヒグラフ』（朝日新聞社）p.21-22

『中支之展望』（大正写真工芸所）p.63

『大東亜写真戦記』（同盟通信社）p.80右上

朝日新聞記事 p.129

〈占領下の日本の報道記事や写真はすべてＧＨＱの検閲下に置かれており、「ＧＨＱ検閲資料」とは、検閲を受けるためにＧＨＱに提出された写真の原板を指す〉

ふくろうの本

新装版 図説 東京裁判

二〇〇二年 七 月三〇日初版発行
二〇一七年 七 月二〇日新装版初版印刷
二〇一七年 七 月三〇日新装版初版発行

編者……太平洋戦争研究会
著者……平塚柾緒
装幀……岡田武彦
デザイン……岡田武彦／鈴木美佐
発行者……小野寺優
発行……河出書房新社
東京都渋谷区千駄ヶ谷二-三二-二
電話 〇三-三四〇四-一二〇一（営業）
〇三-三四〇四-八六一一（編集）
http://www.kawade.co.jp/
印刷……大日本印刷株式会社
製本……加藤製本株式会社

Printed in Japan
ISBN978-4-309-76257-9